プライバシー保護とメディアの在り方

シンポジウム

公益財団法人 新聞通信調査会 編

公益財団法人 新聞通信調査会 シンポジウム
「プライバシー保護とメディアの在り方」

会場のイイノホール&カンファレンスセンター(中央)=2016年11月16日

受け付けの模様

司会の辻史子氏

基調講演

「プライバシー拡散時代における メディアの役割と責務」

津田大介 ジャーナリスト、メディア・アクティビスト

第2部 パネルディスカッション
パネリスト

鈴木正朝

新潟大学法学部教授、一般財団法人情報法制研究所 理事長

神田知宏

弁護士、弁理士

山口 真一

国際大学グローバル・コミュニケーション・センター講師、東洋英和女学院大学非常勤講師

杉田 弘毅
一般社団法人共同通信社 論説委員長

コーディネーター

松本真由美
東京大学教養学部客員准教授

基調講演の模様

パネルディスカッションの模様

シンポジウム

プライバシー保護と
メディアの在り方

公益財団法人 新聞通信調査会

「プライバシー保護とメディアの在り方」刊行にあたって

公益財団法人 新聞通信調査会
理事長 長谷川和明

　この数年、個人情報の漏えいやインターネット上でのプライバシー侵害が相次いでいます。こうした事態が続けば、安心安全を求める一般の方々の生活を脅かし、社会の不安を高める危険が大きく、緊急かつ効果的な対策が望まれます。しかも、最近は情報技術（ＩＴ）や人工知能（ＡＩ）の進歩で膨大なビッグデータを解析し、簡単に個人情報を入手することが可能となり、大切な個人情報やプライバシー権を守る必要性は一段と高まっています。そのために私たちはどうしたらいいのか。特に、個人情報を含むビッグデータをビジネスに活用しやすくする「改正個人情報保護法」が今年5月30日に全面施行される中で、メディアは状況を正しく把握し、対応できているのか。これまでの経緯を改めて検証し、報道機関としての在り方を問い直していく必要があると考えています。

　私ども新聞通信調査会はこうした思いから、昨年11月、専門家の方々を招いて、「プライバシー保護とメディアの在り方」をテーマとするシンポジウムを開き、日本での個人情報とプライバシー保護の現状、昨年9月に成立した改正マイナンバー法と改正個人情報保護法をめぐる問題、ネット上での個人情報の削除を求める「忘れられる権利」の問題、「ネット炎上」の実態など多方面から議論していただきました。また、これらの問題に関連して、被害者のプライバシー権と実名報道の是非、個人情報への過剰な配慮と国民の知る権利の侵害などメディア側の取り組みについてもご意見

を伺いました。基調講演をお願いした津田大介さんをはじめ、パネリストの鈴木正朝先生、山口真一先生、神田知宏先生、共同通信社の杉田弘毅論説委員長、それにコーディネーターとして全体のまとめ役をしていただいた松本真由美先生に改めて感謝申し上げます。

　個人情報に限らず、ネットを通じての情報発信が急増するにつれ、既存のマスメディアとの情報の扱いのずれも大きな問題になってきたように思います。昨年行われた英国の欧州連合（EU）離脱を問う国民投票と米国の大統領選挙では、主としてネット上での「偽情報」（ｆａｋｅ　ｎｅｗｓ）による宣伝活動や、客観的事実によらず感情的で過激な言動や真実でないことをいかにもありそうに主張して世論を操作する「ポスト真実政治」（ｐｏｓｔ－ｔｒｕｔｈ　ｐｏｌｉｔｉｃｓ）と呼ばれる政治手法が横行し、投票・選挙結果に大きな影響を与えました。本来なら、厳しく批判されるべき女性蔑視発言がさして問題にされず、移民排斥を公然と唱える主張がかえって支持を集めるような風潮が強まれば、同じ手法で捏造された個人情報が出回り、混乱を深めることにもなりかねません。正しい情報と偽の情報を見分けることがますます難しくなりつつあります。

　新聞通信調査会はこれまでも毎年、その年に起こった主なニュースや問題に関連したテーマを選んでシンポジウムを開催してきました。一昨年は「広がる格差とメディアの責務」、その前は「日中関係の針路とメディアの役割」と題して開催しました。それぞれ今回と同様、シンポジウムの内容をまとめた報告書を発行しておりますので、ご関心のある方はお読みください。私どもは現在、シンポジウムのほかにも月刊誌「メディア展望」の発行、講演会、写真展の開催などの事業を幅広く展開しており、今後とも適切なテーマの選定、内容の充実に努めていく所存ですので、引き続き皆さまの変わらぬご支援、ご協力をお願い致します。

目次

「プライバシー保護とメディアの在り方」刊行にあたって … 3
公益財団法人 新聞通信調査会 理事長　長谷川和明

シンポジウム開催概要 … 8
出演者 … 8

第1部　基調講演

プライバシー拡散時代における
メディアの役割と責務 … 11

津田大介　ジャーナリスト、メディア・アクティビスト

　プライバシー問題をどう講じるか … 13
　タイムライン機能 … 16
　スマホの急速な普及がもたらした「情報爆発」… 18
　サイバーセキュリティーとプライバシー確保 … 20
　プライバシー保護が大前提 … 23
　外部からの攻撃、内部からの流出 … 25
　報道とネット時代特有のプライバシー問題 … 27
　貧困女子報道問題 … 29
　実名報道と高まるメディア批判 … 30
　忘れられる権利 … 33
　実名報道と公益性 … 35
　検討すべき被疑者段階での実名報道 … 36
　ゴシップ報道はどこまで許されるのか … 37
　6割の人は見出しだけでシェアしている … 40
　四つの情報源を確保 … 42
　ネットは道具、オルタナティブメディアである … 44
　難しい戦いを強いられるマスメディア … 45
　ネットメディアはどうやってもうけているのか … 46

第2部 パネルディスカッション

プライバシー保護とメディアの在り方 … 49

パネリスト

鈴木正朝 新潟大学法学部教授、一般財団法人情報法制研究所 理事長
神田知宏 弁護士、弁理士
山口真一 国際大学グローバル・コミュニケーション・センター講師、東洋英和女学院大学非常勤講師
杉田弘毅 一般社団法人共同通信社 論説委員長

コーディネーター

松本真由美 東京大学教養学部客員准教授

1. イントロダクション … 54
　　ぐらつく社会保障制度 … 54
　　EUが認める水準の保護法制が必要に … 56
　　ルールを与えられる国になった日本 … 57
　　2000個問題 … 59
　　個人情報とプライバシー … 61
　　プライバシー情報をどう扱うか … 63
　　削除は表現の自由と知る権利を侵害するのか … 66
　　名誉権は放棄できない … 69
　　死んでも消えないプライバシー情報 … 70
　　炎上の実態と情報社会の未来 … 73
　　炎上現象の社会的影響とは … 76
　　炎上はなぜ起こってしまうのか … 77
　　議論を呼び掛ける「中立的な視点」も必要 … 79
　　危機的状況にあるマスメディア … 84
　　なぜ実名報道でなければいけないのか … 86
　　事件を身近な出来事として受け止めるために … 88

2.事前質問への回答 … 89
  - プライバシーを放棄しているのか見極めて報道を‥‥ 89
  - 瓦解する情報化社会と個人情報保護‥‥ 91
  - マスメディアに不信感を抱くのは当然‥‥ 93

3.プライバシー保護とメディアの在り方 … 95
  - 人生を台無しにさせないため「忘れられる権利」は必要‥‥ 95
  - 重要なのは取材の自由‥‥ 97
  - メディアも参加しルール作りを‥‥ 99
  - 個々の記者をどう守るのか‥‥ 100
  - 実名報道すべきものの判断が重要‥‥ 101
  - 問われるマスメディアの姿勢‥‥ 101
  - マスメディアの役割は何なのか‥‥ 102
  - 大転換期を迎えたマスメディア‥‥ 102

 第3部 資料編

改正個人情報保護法 … 105
鈴木正朝 新潟大学法学部教授、一般財団法人情報法制研究所 理事長

【編集後記】
メディアへの叱咤激励 … 138
倉沢章夫 新聞通信調査会編集長

【表紙の写真】
米ニューヨークで質疑に答えるヒラリー・クリントン氏を撮影しているiPhoneの画面＝2015年11月（UPI＝共同）

シンポジウム「プライバシー保護とメディアの在り方」

開催概要

題名 プライバシー保護とメディアの在り方
主催 公益財団法人 新聞通信調査会
会場 イイノホール&カンファレンスセンター
4F Room A
(東京都千代田区内幸町2-1-1)
日時 2016年11月16日
13:30〜17:00(13時受け付け開始)
内容 基調講演 ……………… 13:35〜14:45
パネルディスカッション …… 15:00〜17:00

イイノホール&カンファレンスセンター

出演者

基調講演

津田大介(つだ・だいすけ)

ジャーナリスト、メディア・アクティビスト
一般社団法人インターネットユーザー協会(MIAU)代表理事、ポリタス編集長、京都造形芸術大学客員教授

早稲田大学社会科学部卒。メディア、ジャーナリズム、IT・ネットサービス、コンテンツビジネス、著作権問題などを専門分野に執筆活動を行う。ソーシャルメディアを利用した新しいジャーナリズムをさまざまな形で実践。世界経済フォーラム(ダボス会議)「ヤング・グローバル・リーダーズ2013」選出。2011年9月より週刊有料メールマガジン「メディアの現場」を配信中。著書に『ウェブで政治を動かす!』(朝日新書12年)、『動員の革命』(中公新書ラクレ12年)、『情報の呼吸法』(朝日出版社12年)、『Twitter社会論』(洋泉社新書09年)、『未来型サバイバル音楽論』(中公新書ラクレ10年)ほか。

パネルディスカッション

パネリスト

鈴木正朝(すずき・まさとも)

新潟大学法学部教授、一般財団法人情報法制研究所 理事長

修士(法学)中央大学、博士(情報学)情報セキュリティ大学院大学。専門は情報法。経済産業分野の個人情報保護法ガイドライン、JISQ15001の原案作成、プライバシーマーク制

度の創設、近年はマイナンバー制度、個人情報保護法平成27年改正に関わる。法とコンピュータ学会理事、政府のパーソナルデータに関する検討会及びゲノム情報を用いた医療等の実用化推進TF等の構成員、一般財団法人日本データ通信協会Pマーク審査会長等を務める。

神田知宏（かんだ・ともひろ）
弁護士、弁理士

一橋大学法学部卒。IT系会社代表取締役としてSE、プログラミング、Webデザインに従事する他、大手パソコン書籍出版会社の委託を受け多くのIT系入門書の執筆に携わる。2007年9月小笠原六川国際総合法律事務所入所。同年10月弁理士登録（第二東京弁護士会）。弁護士業務では忘れられる権利の行使やインターネット関連訴訟の扱いが多い。

山口真一（やまぐち・しんいち）
国際大学グローバル・コミュニケーション・センター講師、東洋英和女学院大学非常勤講師

慶應義塾大学経済学部卒。2015年同大学経済学研究科で博士号（経済学）を取得し、国際大学グローバル・コミュニケーション・センター助教を経て、16年より現職。専門は計量経済学。ソーシャルメディア、フリービジネス、プラットフォーム戦略等を対象に実証研究を行っている。著書に『ソーシャルゲームのビジネスモデル』（共著、勁草書房15年）、『ネット炎上の研究』（共著、勁草書房16年）など。

杉田弘毅（すぎた・ひろき）
一般社団法人共同通信社 論説委員長

一橋大学法学部卒。1980年共同通信社入社。大阪社会部、91年テヘラン支局長、93年ニューヨーク特派員、2005年ワシントン支局長、09年ニュースセンター整理部長。13年編集委員室長、16年より現職。日本記者クラブ企画委員。著書に『検証 非核の選択』（岩波書店05年）、『さまよえる日本』（生産性出版08年）、『アメリカはなぜ変われるのか』（ちくま新書09年）、編著『世界が日本のことを考えている』（太郎次郎社エディタス12年）、監訳『新大陸主義』（潮出版社13年）など。

■コーディネーター

松本真由美（まつもと・まゆみ）
東京大学教養学部客員准教授

上智大学外国語学部卒。大学在学中にテレビ朝日の報道番組のキャスターになったのをきっかけに、報道番組のキャスター、リポーター、ディレクターとして幅広く取材活動を行う。2008年より東京大学における研究、教育活動に携わる。東京大学での活動の一方、講演、シンポジウム、執筆など幅広く活動する。

■司会

辻 史子（つじ・ふみこ）
株式会社オールウェーブ・アソシエツ

基調講演

プライバシー拡散時代における メディアの役割と責務

津田大介
ジャーナリスト、メディア・アクティビスト

プライバシー拡散時代における メディアの役割と責務

津田大介
ジャーナリスト、メディア・アクティビスト

津田大介氏

プライバシー問題をどう講じるか

　皆さん、こんにちは。お昼ご飯を食べた後で、ちょっと眠くなるかもしれませんが、基調講演ということで「プライバシー拡散時代におけるメディアの役割と責務」について話します。

　今日の本題は基調講演の後2時間、重めのパネルディスカッションになると思います。個人的に聞くのは楽しみですが、そのパネルディスカッションにつなげる意味でも、僕自身は個人情報やプライバシーの専門家というわけではないのですが、やはりメディアとの関係です。マスメディア、そしてインターネットメディアとの関わりから、個人情報やプライバシーの問題をどう講じればいいのか。講じることによって、どのような問題が今、生じているのかといったことの論点整理みたいなものを行って、パネルディスカッションの前座のようなことができればと思っています。

　すごくベタなところからいきますが、「ライフログ」という言葉があります。言葉ぐらいは聞いたことがあるという方もいるかと思いますが、ライフログとは「人間の行い（ライフ）」をデジタルデータとして記録（ログ）に残すことです。個々のユーザーにとっては、ライフログは自らの活動を綿々と記録していく営みです。元々日記というのは、ライフログの源流であるというふうに捉える人もいます。

　このライフログが、どんどんデジタル化してきている。日記はある意味、残そうと思うものは自分で主体的に選べます。「こんなことがあった。こんなことが

「ライフログ」って知ってます？

▶ ライフログとは、人間の行い（life）をデジタルデータとして記録（log）に残すことである。

▶ ライフログは、個々のユーザーにとっては、自らの活動を綿々と記録していく営みであるといえる。その意味では日記をライフログの源流と見なすこともできる。

出典：IT用語辞典BINARY

「ライフログ」って知ってます？

▶ ライフログを綴る主要な媒体（メディア）は、インターネット黎明期には個人Webサイト（ホームページ）、後にブログ、ソーシャルメディア（のタイムライン）と推移している。

▶ 2010年代に入るとスマートフォンが普及し、カメラ、GPS、クラウドサービス、各種アプリケーション（アプリ）やデータロガーなどを、常時携帯して利用することが容易になった。

出典：IT用語辞典BINARY

なかった。嫌なことがあったけど、書くことはやめよう」なんてこともできる。そうやって自分で残すデータを記録できたのが、デジタル媒体、スマートフォンやウエアラブルデバイスによって自動的に記録されていく。記録されていたものを、自分だけではなく他人も見られるようになったらどうなるのかというところで、新しい論点とか問題が出てきているわけです。

2010年代に入ると、やはりスマホの普及が非常に大きい。個人が持っているスマホのカメラは個人情報の塊、プライバシーの塊と言えるかもしれない。そして位置情報。自分がどのように行動しているか、そういったものが全部クラウドというところでネット上に記録される。そして、アプリやデータなどで常時、携帯して見ることが可能になったというのが今の時代です。

タイムライン機能

これは僕の「アンドロイド」（スマートフォン向け基本ソフト）の画面です。この中でスマホを使っているという方、挙手していただいていいですか。相当多いと思うのですが、大体、会場の7〜8割ですね。ご自身が使っているスマホが「iPhone」じゃなくてアンドロイドだという方、挙手いただけますか。アンドロイドが半分ぐらいですかね。

実はアンドロイドには、こんな機能があります。モザイクがかかっていますけれども「グーグルマップ」があります。アンドロイドでグーグルマップを起動して左上のグーグルマップを開くと、このメニューが出てくるところに「タイムライン」という機能があります。グーグルマップは使っているけども、この機能は使ったことがないという人は意外と多い。

このタイムラインを押すと、いろんな情報が見られます。11月2日に僕が何をやっていたのかをクリックすると、自宅から北区にある自分の小学校で講演、その後、夕方NHKに行って、テレビ朝日に行って、赤坂に行ってという記録が全部残っています。赤坂アークヒルズはテレビ朝日です。NHKの後、テレ朝で収録して、その後、ある会議が市谷であって、それが終わってからタクシーで移動。「はたがやレバー」という幡ヶ谷にある飲み屋さんで飲み会に参加。2次会はすぐ近くのお店に行き、最後におなかが減ったので、西麻布でラーメンを食べ

て帰ったという記録が全部残っています。僕は何の情報も入力していない。何でこれが残っているのかというと、テレ朝にいたとかというのは、その中にGPS（衛星利用測位システム）情報が入っていたからです。

問題は、はたがやレバーと「呑兵衛」という所です。はたがやレバーは普通の安い居酒屋さんですが、（グーグルマップは）GPSの情報でこの店として記録している。実は向こう（タイムライン）から「ここにいたのではないですか」とサジェストされます。はたがやレバーがあるビルは、1階も3階も居酒屋。結構いろんな店が入っていて、GPSで取るとたくさんのお店があるわけです。

自分がこのお店に行ったことを、なぜピンポイントでグーグルが分かっている

のかというと「検索」です。お店で待ち合わせをする場合、どうするか。グーグルマップでお店の名前を検索します。もしくはグーグルの「クローム」とかで検索すると、ここが住所だということでグーグルはデータとして持っている。それがこのタイムライン機能と結合して、「あなたはここを検索したから、ここに行ったでしょう」というふうにサジェストされる。

　２軒目の呑兵衛に関しては、もっと分からないです。検索もしないでその場で目に付いた所に行っている。しかも同じ所に結構、お店があるんです。何でグーグルはここに特定しているのか。これは僕の推測ですけど、営業時間を見ています。営業時間を見て空いている店がこのビルの中ではここしかなかったので、おそらくサジェストされたのだろうと。

　「あなたはテレビ朝日にいましたか」というので、「はい」もしくは「編集」というのをクリックすると、入っていたお店とか情報を調整することができます。これは基本的に自分しか見られないデータです。日記代わりに使うことができて、「この日にこういうことがあった」というメモを自分で残せる機能です。「あの日にどんな所に行ったかな」というのを振り返るには大変便利な機能だし、「はい」と押すことによって精度が上がっていく。そういうデータを、われわれは（グーグルに）提供している。

　アンドロイドの携帯を使っている人で、この機能を知らなかったという人はどれぐらいいますか。そう、結構、知らない人が多い。僕も割と最近まで知らなかった。もちろん、これは設定でオフにできますが、普通にアンドロイドを買って普通に使っている人は、全部こういうのはトラッキングされています。アンドロイドを使っている方はぜひ、このタイムライン機能を試してみてください。その後、オフにしようか、それとも便利だから使おうかというのを決めていただければと思います。ただ問題は、こういうことを多くの人が知らずに使っているという現状で、われわれはそういう時代を生きているということです。

スマホの急速な普及がもたらした「情報爆発」

　この５年間で情報環境が変わりました。数字で見ると、こういうことになります。2011年３月当時、国内のスマートフォンの契約者数は大体955万人、

1千万人弱です。もう一つ、主要なＳＮＳ（ソーシャル・ネットワーキング・サービス＝会員制交流サイト）メディアの「ツイッター」。ツイッター社の発表では東日本大震災があった当時、過去１カ月以内にログインして使っているアクティブユーザー数は670万人でした。これがこの５年間でどう変わったか。

今年（16年）５月のデータですが、国内のスマートフォン契約者数は7237万人、７倍です。ツイッターのアクティブユーザー数は3500万人。アクティブユーザー数に関して言うと、パソコンでツイッターをやっている人とスマホでツイッターにログインする人、両方入っている人がダブルカウントされているのではないかという話もありますが、それでも２千万から３千万人ぐらいの利用者がいるといわれています。この５年間ぐらいで、すごい成長率でスマホやソーシャルメディア、ツイッターが普及したということです。

こういうふうに見ると、もっと分かりやすいと思います。つまり５年前の震災の時は、（スマホやツイッターを）使っている人はマイノリティーだった。スマートフォンは日本人の13人に１人、ツイッターは約20人に１人しか使っていなかった。それが今は２人に１人がスマホを持ち、３〜４人に１人がツイッターを使っ

ている時代になった。そういうことが、われわれの情報環境を大きく変えているし、流通しているデータ、プライバシー情報なんかも含め、どんどん大きく、いろいろなものが膨大に流れている状況です。

サイバーセキュリティーとプライバシー確保

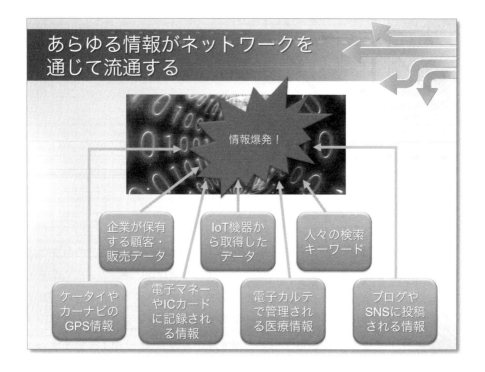

あらゆる情報がネットワークを通じて流通しています。携帯やカーナビのＧＰＳ情報、企業が保有している顧客データとか販売データ、電子マネーとかＩＣカードに記録される情報もあります。最近は「ＩｏＴ（モノのインターネット）」と呼ばれるハードウエアにネットがつながっているような情報もあります。医療情報もあります。電子カルテを医療クラウドにしましょうなんて話もどんどん出てきます。

われわれが日々、検索しているキーワード。これもデータです。また、ツイッターやフェイスブックで「どこに行って、こんなものを食べた」「どこに行っている」「こ

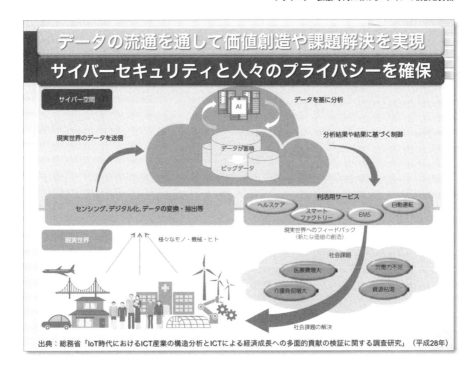

出典：総務省「IoT時代におけるICT産業の構造分析とICTによる経済成長への多面的貢献の検証に関する調査研究」（平成28年）

んなことをしている」なんていうさまざまな情報。これらがインターネット上にいろんな形でデバイスがつながることによって「情報爆発」を起こしている事態になっています。

　総務省の「IoT時代におけるICT産業の構造分析とICTによる経済成長への多目的貢献の検証に関する調査研究」（2016年）という、ちょっと長いのですが、要するにビッグデータとかIoT、人工知能（AI）とかそういうものをポジティブに使うためにはどうすればいいんでしょうかというところで使われたものです。いろんなデータが採れるようになっていて、データを自動運転や「インダストリー4.0」とかいわれている工場に役立てることで、社会のさまざまなコストが軽減されて社会問題が解決するという、かなりポジティブなデータになっています。

　つまり「ビッグデータ社会」「AI社会」というのは、ポジティブな側面から見れば、データの流通を通して何らかの価値の創造とか課題解決を実現していこうというのが今、政府や総務省が詰めようとしていることです。

　大事なことは、それには前提がある。その前提とは何だろうか。「情報流出」。

怖いですよね。サイバーセキュリティーとともに人々のプライバシーを確保する。このプライバシーがきちんと確保され、そしてサイバーセキュリティーが守られた状態という前提がないと本末転倒です。だからこそ、この二つの視点を持つことが非常に重要だと思います。

　実際、サービスにいろいろなものが落とし込まれています。その中でも、２～３年ぐらい前に発表されて話題を集めたのがアマゾンです。

　アマゾンはこんな特許を取りました。ビジネスモデル特許ですが、「予測出荷機能」というのをやろうとしている。予測出荷とは何なのかというと、われわれは普段、アマゾン（のサイト）に行って見ています。「どうしよう、そろそろ電池が切れそう。だからアマゾンで注文しようかな」とか、「ケーブルを買おう」とか、ブラウザでどういうふうに選択しているのかというパターンを、ビッグデータもしくはＡＩみたいなもので分析する。このパターンだと、おそらくこいつは注文しようと思っていると。多分、何十パーセントぐらいの確率で注文するだろう。じゃあ出荷しとけということで、トラックに載せて近くまで行って、注文完了と

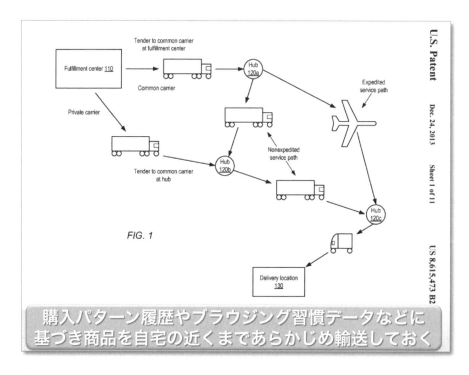

なったら10分後ぐらいには「はーい」と言って届けるということをやろうとしている。

　荒唐無稽に聞こえますが、購入パターンや履歴、普段のブラウジングなり習慣データなんかに基づいて、こういうことをやろうとアマゾンは本気で考えていると思います。ドローン（小型無人飛行機）なんかで配達もやろうとしていますが、ビッグデータとかが普及していくと、こういうものが社会として実現していく。われわれは今、そういう社会の岐路に立っていると思います。

プライバシー保護が大前提

プライバシーを確保する上で重要なのが……

▶匿名性
　➢津田大介　男　43歳　杉並区在住　イイノホール
　➢（仮名）男　40代　現在地：千代田区
　→個人識別性を喪失させると（匿名化）、個人情報保護法が規定する個人情報ではなくなり、データの利活用がしやすくなる
　➢ビッグデータ時代特有の問題
　・ネット上に膨大な情報が存在するため、照合の対象となる情報が多くなり、情報を解析し、照合させること（ビッグデータ＆AI）で匿名化された情報から個人が割り出しやすくなっている
　・SNS普及とネットで跋扈する「特定厨」の存在

　パネルディスカッションでも問題になると思いますが、プライバシーが確保されている前提が重要です。「重要な要素」とは何でしょうか。「匿名性をどう確保するか」です。でも、いわゆるビッグデータ時代における匿名性といっても、どうなんだという議論は後半のパネルディスカッションにお任せしますが、いろい

ろあるわけです。

　僕は昨日43歳になりましたけれども、「津田大介。男。43歳。杉並区在住。現在は千代田区にいる」というデータがあったときに、これが匿名化されると仮名になって「男。40代。都内にいる」というようなデータになっていく。そうすると上（編注：前者）だったら、いろんなことが個人情報として識別できますが、下（後者）になると同じような人は結構いるので、匿名化されて個人の識別性は喪失される。こうすると個人情報保護法が否定する「個人情報」とは違うものになってくるので、データの利活用ができる。「だから匿名にしましょう」という話があるけれども、匿名の仕方にもいろいろある。ここ数年ずっと議論されてきたし、これからも多分、議論されなければいけないことなのかなと思います。なぜかというと、インターネットそしてビッグデータ時代特有の問題があるからです。

　ネット上には膨大な情報が存在します。このデータ自体は匿名であって、単体では個人にたどり着くことはできないが、この匿名化されたデータを他のデータと照合していけば「この人」と特定しやすくなってくる。やりやすくなるし、解析することでパターンを見つけやすくなる。ビッグデータとかＡＩの発展によって、匿名化されたデータであっても個人を識別する可能性が高まっているのが、匿名性やプライバシーを巡る今の状況です。

　もう一つは、ＡＩとかビッグデータのような機械ではなく、人間の方が悪意があって危ない。何でプライバシーが漏れやすいのか、いろんなことでニュースをにぎわしているのか。やはりＳＮＳです。いろんな人がフェイスブックとかツイッターで「どこに行った」「どんなことをしている」「どんな行動パターンで投稿している」みたいな情報を明らかにしています。自分が個人で公開したものは公開情報でありプライバシーではないが、そのプライベートなデータというものを予測しトラッキングして、「この人はこういう人」みたいなことに命を懸けている人がネット上にはたくさんいて、「特定厨」とか言います。そういう情報環境の中、メディアはどこまでの情報をどのように出していくのかが今後、問われてくるのではないかと思います。

外部からの攻撃、内部からの流出

> **プライバシーを確保する上で重要なのが……**
> - ▶情報流出対策
>   - ➢外部からの攻撃（標的型攻撃メールなど）による流出
>   - ➢内部からの流出（外部委託スタッフが不正行為を行うことで流出→ex: ベネッセ）
> - ▶監視社会化
>   - ➢既にマルチセンサーによって我々の個人情報は様々な形で集められ、利活用されている
>   - ➢米国では警察が道行く車のナンバープレートを位置情報とともにデータベースに収めている
>   - ➢犯罪予測システムにより治安が向上する側面も

　プライバシーを確保する上で、いろいろ重要なことがあると思います。情報の流出対策をしなければいけないでしょう。それは外部からの攻撃です。最近は、企業を狙い撃ちした「標的型攻撃メール」なんていうものもあって、それで流出することもあります。

　それとは別に個人情報、プライバシーの問題で非常に話題を集めたといえば、外部からの攻撃だけではなく内部からの流出です。いくら内部教育をしっかりやったとしても、外部の委託スタッフとかが不正行為を働くことで流出してしまう。ここ数年ではベネッセが一番大きなインパクトを残しました。それらに対して対策を打たなければいけないし、頻発するような状況ではビッグデータの利活用なんていっても、トラブルしか起きませんよねということになってくる。

　次の論点としては、行き過ぎたら結局「監視社会」になってくるのではないかということです。

顧客情報の漏えいについて記者会見するベネッセHDの原田泳幸会長兼社長(右)ら＝2014年7月9日、東京都中央区（共同）

　われわれはマルチセンサーによって、いろんな形でプライバシーや個人情報が集められていて、もう既に利活用されているともいいます。米国なんかはもっと進んでいて、警察が道行く車のナンバープレートをパシャって撮って位置情報を記録し、データベースとかにしています。犯罪の疑いもない人をです。どうやって活用しているのかというと、テロが起きたときとかはムスリムの教会に行って、来訪者の車のナンバープレートを警察が全部パシャパシャと撮って、いろんなものと照合するようなことをやり始めている。

　もちろん悪いことだけではなくビッグデータ、さっきのアマゾンの出荷システムのような、犯罪予測システムみたいなものも使っています。サミットが行われている時、確かシカゴ警察と（米ＩＴ大手）オラクルが組んで、ソーシャルメディアのデータをビッグデータで解析し「この辺でデモが行われる。じゃあ、ここの警備員を増強しよう」とかいろんな情報を組み合わせることで、ここで事件が起きるかもしれないという犯罪予測システムみたいなものは実際に動き始めていて、それによって治安が向上します。

　社会にとってはいい面であるかもしれない。ただ何を得て、何を失うのかという議論もしなければいけない。グーグルマップのタイムライン機能みたいな形で、われわれのデータは利用されている。でも、それを知っているか、知らないかということが非常に重要になってくる。本当はそういうことも含めてメディアというのは、まずメディアとしての価値判断をする以上に知らない人が多い状況に対して、ちゃんと知ってもらうということを責務としてやらなければいけないと思います。

　ビッグデータ、われわれのプライバシーのデータがビジネスでどんなふうに応用されているのかということで、大炎上した事件がありました。2013年にＪＲ東日本が「Ｓｕｉｃａ」のデータベース──乗降駅や利用日時、利用額、年齢、

> 2013年7月25日
> 東日本旅客鉄道株式会社
>
> **Suicaに関するデータの社外への提供について**
>
> JR東日本では、お客さまのニーズに理解を深め、サービス品質の向上と地域や駅、沿線のさらなる活性化を図るため、Suicaに関するデータを活用する取り組みを進めてまいりました。
> このたび当社が提供するSuicaに関するデータに基づき、株式会社日立製作所（以下、
>
> **ユーザーに十分な説明のないまま提供したため、「気持ち悪い」という批判が殺到した**
> **→プライバシーに関わるビッグデータを利活用する場合、企業の説明責任が重要になってくる**
>
> **JR東日本がSuica利用者の乗降駅、利用日時、利用額、年齢、性別などのデータを日立に提供し、日立はこれをビッグデータ分析し、別の企業にマーケティング支援として販売するサービスを提供していたことが発覚→炎上**

　性別など——を日立製作所に提供して、日立はこれをビッグデータに分析して別の企業にマーケティング支援として販売するサービスを提供していた。これが分かってネット上で大変なことになって炎上した結果、ＪＲ東日本は謝罪文を出しました。何が問題なのかというと、ユーザーはデータを利活用された。そのこと自体が悪いのかどうかというより重要なのは、ユーザーに十分な説明のないまま提供してしまったため「気持ち悪い」という批判が殺到したわけです。

　プライバシーに関わるビッグデータを利活用する場合、企業側の説明責任が重要になってくる。企業に対して説明責任をある種の義務化の形にしていくのかというのも、これからの社会では非常に重要な論点だと思っています。

報道とネット時代特有のプライバシー問題

　ここまでが概論で、今日は新聞関連のイベントということもあるので、マスメディアがこれから直面しなければいけない報道とネット時代特有のプライバシー問題について見ていきます。

メディアが直面している 報道とプライバシーの問題(1)

- ▶LINE流出問題
  - ➢過失による情報流出を処罰する法律はごく一部を除いて存在していない
  - ➢週刊誌などに掲載する行為はプライバシー侵害や名誉毀損に相当する可能性
  - ➢どこまでが「公人」なのか?
- ▶NHK貧困女子報道問題
  - ➢NHKの実名報道と部屋に映り込んだ様々な商品がきっかけでツイッターが特定され、本人のライフスタイルや住所が暴かれていった
  - ➢センシティブな話題を報じる際の報道側の配慮

　一つは今年(2016年)、週刊誌なんかを中心に話題になりました(無料通信アプリ)「ＬＩＮＥ」の流出問題です。ＬＩＮＥのスクリーンショット(やりとり)が流出していろんな週刊誌に出ますが、あれには法的な問題はないのかと。基本的に過失による情報流出を処罰する法律はごく一部を除いて存在していないので、それについてはしょうがない。しかし、あれは過失だったのかという話がまずあります。

　もう一つ、週刊誌などが掲載するＬＩＮＥ自体は処罰できないとしても、プライバシー侵害とか名誉毀損に相当する可能性もある。ただほとんどの場合、流出された側にとっては、ああいう事件で「プライバシー侵害」と言うのは社会的に困難です。単に社会的に困難だから訴えないだけであって、報道の側がそれを踏み越えてやっているという面もある。「週刊文春」はやり過ぎではないかと思うし、「これはプライバシー侵害なのではないか」という論点を出すマスコミ、マスメディアがなかったということに、ちょっと違和感を持っています。

　一方、公人かどうかという議論もあります。政治家だとか芸能人という場合、やはりプライバシーというのは一定程度制限される。「有名税」なんて言われます。

週刊文春の件でも、芸能人のそういう生活実態はみんなが知りたいものであるから一定のプライバシー制限はあるし、一定の公益性があるのではないかということを言う方もいます。

たとえ公人であっても、政治家と芸能人ではまた違うかもしれない。芸能人といっても、芸能事務所に所属していなくてもテレビによく出ている人などは、どこまでが公人なのか。「テレビに出ている人は準公人だから、ある程度プライバシーは制限される」というのは論点としては分かるけれど、じゃあユーチューバーはどうなるのか。メディアとかメディアに（情報を）届ける人が変わってきているので、この辺の議論というのも今後、必要になってくるのではないかと思います。

貧困女子報道問題

もう一つ重要だと思ったのは、ＮＨＫの貧困女子報道問題です。これもメディアの報道のまずさがプライバシー侵害や炎上、そういうものとつながっていった事例だと思います。

ＮＨＫが女子高生の貧困問題を訴える時、女子高生自身が実名を出して訴えたいということで、彼女の部屋で撮影しました。部屋にある彼女が好きだというアニメグッズや本だとか、どういうものを所有しているかが写り込む。これも、ある意味では個人情報とかプライバシーです。「貧困」という荒れやすいテーマのときに、家の中で実名を出してやるというのは報道する側の配慮がだいぶ不足していた。

その結果、本当に貧困なのかということを疑った人たちから、彼女のいろいろな個人情報暴きが始まってツイッターも特定された。本人のライフスタイルだけではなく、雪がこんなふうに降っているというツイッターに投稿したベランダからの写真とグーグルのストリートビューを照らし合わせて、神奈川県でしたか、この辺に住んでいるやつだと。ツイッターの情報とグーグルのストリートビューの情報、そしてＮＨＫの報道。いろんなものを照らし合わせてここだと。しかも、本人の家まで行って「エアコンがないと言っていたが、実は室外機があった」と写真を撮ってツイッターに投稿する。でも、実際には室外機はなかったみたいな

こともありました。

　センシティブな話題を報じる際、こういうことが起きてしまうということに対してＮＨＫの配慮が本当に足りなかった事例だと思います。「こういうふうに演出をしたいが時間は限られている」という中でやるため、説明も不足してしまう。そうすると、いろんな勘繰りが出てきてしまうこともあるわけです。

　彼女は実名をさらしたばかりに、いろんなことが特定されてバッシングにつながってしまった。かつては起きなかったことだと思いますが、今はこういうことが起き得ることを伝える側は十分に認識しなければいけない時代になってきています。

実名報道と高まるメディア批判

```
メディアが直面している
報道とプライバシーの問題（２）

▶事件報道におけるSNSプロフ画像使用
  ▷報道時の顔写真を「フェイスブックより」といった出
    典を示すことで勝手に利用することに批判が集まっ
    ている
  ▷法的には報道引用（著作権法41条）の範囲？
▶そもそも事件報道で実名報道原則は必要？
  ▷これまでは実名報道が原則
  ▷アルジェリア人質事件やバングラデシュテロ事件で
    は当初実名が公表されなかった
  ▷相模原障害者施設連続殺傷事件では非公表に
  ▷報道の自由度世界一フィンランドでは匿名報道
```

　何か大きな衝撃的な事件があったとき、ニュース番組とか新聞は顔写真をどこから入手するのか。フェイスブックやツイッターのプロフィル画像を使うケース

が非常に増えました。「顔写真はフェイスブックより」みたいに出典を示していても、インターネットを中心に勝手に利用していることに対してマスメディアへの批判が集まっています。ただ法的には、いわゆる著作権法41条に書かれている「報道営業の一部」ではないかと解釈する人が多くいるわけです。

　この問題は結構、難しい。フェイスブックで情報を見せるとき、自分で見せる範囲を選べます。本当に親しい友達にしか情報を見せない、もしくはある程度までとか。プロフィルをどこまで見せるのかは個人が選べるようになっていますが、全く自分と関係ない人に対しては一切見せないという設定もできます。大抵の場合、顔写真ぐらいです。プロフィルとか普段の書き込みとかは一切見せないけれど、写真だけは誰でもフェイスブックのアカウントで見られるというケースもあります。

　本人の意思表示としては、親しい人には情報を提供したいが、そうではないところには提供したくない。でも、そういった方が亡くなった場合どうなるのか。IT技術によって主体的な意思表示が可能となっている時代に、自分の提供する写真をどこまで届けたいのかが意思として示されていても、報道がそれを踏み越えてしまう。本当にいいのでしょうか。これは問題になってくるでしょうし、進めていくとこの話にいかざるを得ない。

　日本の報道の場合、基本的に事件・事故報道は実名が原則です。実名原則で今までやってきたし、おそらく問題もなかったと言えるでしょう。10数年前ですが、大阪の池田小の事件がありました。児童がたくさん亡くなるという意味で非常に痛ましい事件で、もちろん全員、報道で実名が公表されています。

　実名報道が原則だったのが、ツイッターやフェイスブック、いろんなものが普及したことで、だいぶ変わってきました。そして、マスメディアに対する批判の声も多くなってきました。

　日本人がたくさん亡くなったアルジェリアの人質事件やバングラデシュのテロ事件では当初、実名は公表されませんでしたが、曲折があって数日後には公表されることになりました。遺族が公表を望まなくても「実名報道が原則である」としてきたのが、「実名は別に要らないだろう」という声がネット上で非常に高まってきています。これは日本における個人情報保護法とかプライバシー意識の高まりでもあるでしょうが、それとはまた別の文脈で、マスメディアが人の不幸を商

バングラデシュ飲食店襲撃テロの犠牲者のひつぎに献花した岸田文雄外相＝2016年7月5日、羽田空港（共同）

売のネタに使っているという不満みたいなものの表れかもしれません。その辺りは切り分けるようにしなければいけない。

　世界にも衝撃を与えた相模原の障害者連続殺傷事件。これは遺族の希望で、差別になるからと（実名は）非公表になりました。ただ、公表を望んでいる遺族もいます。その場合、報道が取材で遺族の許可を得て公表しているというケースもあるのですが、警察からの要望で非公表になることもありました。障害者の団体からは、名前を公表しないこと自体が差別なのではないかという異論が出て、非常にこれは難しい問題だったと思います。

　これまで事件・事故報道というのは実名報道が原則だった。それで良かったと思いますが、情報の流通経路がテレビや新聞、ラジオというマスメディアに限定されていた時代と違って、今は個人がどんどん発信できるようになった。しかも、そんなツールを2人とか3人に1人が持っている時代に、今までの原則を適用することによる衝突というか、齟齬みたいなものが起きていませんかということです。

　今年（2016年）5月、フィンランドへ取材に行きました。フィンランドはご存じの通り北欧なので、スウェーデンなどとともに情報公開が世界で最も進んでいる国です。「報道の自由度ランキング」というのがあって、そのランキングでフィンランドはずっと世界一で評価が高い。そのフィンランドのマスコミは、いわゆる事件・事故報道は、加害者も被害者もほとんどが匿名報道だそうです。それで問題ないのかと聞いたら別に問題ないと。例えば放火の事件がどこかの都市であったときに、「犯人は30代の男性で40代の夫婦が住む家が燃やされた」みたいな書き方しかしない。そういうことも考えると、日本はどちらかといえば実名報道という原則は持った方がいいと思う一方、全てのケースで実名報道にこだ

わる意味はどれだけあるのかとも思います。

忘れられる権利

メディアが直面している
報道とプライバシーの問題（3）

▶忘れられる権利
- 2014年にEU司法裁判所が検索結果の削除義務をグーグルが負うという判決を出した
- これを受けグーグルは検索結果からの除外を求める削除要請フォームを設置
- 検索結果の削除と知る権利とのバランス
- 「忘れられる権利」が問題になる、削除対象となるページの多くは報道記事の転載
- 現在ネット経由などで提供している記事データベースサービスをどうするか
- 被疑者段階での実名報道は避けた方が無難か？
- サジェスト問題をどうするか

　これは、この後の話にもつながってきます。何かというと「忘れられる権利」です。2部のパネルディスカッションでも相当、出ると思います。忘れられる権利とは何かというと、2014年に欧州連合（EU）司法裁判所が「検索結果の削除義務をグーグルが負う」という判決を出しました。個人データの消去における権利を議論する中で登場した概念が忘れられる権利です。

　自分の氏名をインターネットで検索した時に、かつての犯罪履歴みたいなものが出てきてしまった。それが現実の生活に不利益をもたらしているので削除してほしいという訴えに対し、一定の条件を満たす情報の削除が認められた。これをきっかけに、忘れられる権利は「検索エンジンから情報を削除する」という文脈で広く知られるようになりました。

まず踏まえておきたいのは「一般データ保護規則」です。今年(16年)4月27日、EUで採択された「一般データ保護規則第17条」に「削除権」が正式な権利の名称ではないけれども記載されている。問題なのは、何でそれが米国でも日本でもなく、EUで出てきたかということです。これはEUの個人データ保護、プライバシーを守りましょうという文脈で出てきている権利です。これも後のパネルディスカッションで話題になる「越境データ問題」。それぞれの国でデータ保護のレベルが違っている。これをどう最適化するのですか、そうしないとデータは越えられないですよね、ビジネスとかもすごく阻害がありますよね、という話とつながってくる。この判決を受けて、グーグルは検索結果からの除外を求める「削除要請本部」というのを設置しました。

　日本はどうなのかというと、今日いらしている（弁護士の）神田（知宏）さんが専門だと思うのですが、検索結果の削除請求を求めた裁判事例はたくさんあります。ただ、日本の裁判で問題になっている案件だと、単にネットに書かれたネガティブな情報が削除されるケースは少なくて、犯罪歴とか犯罪報道で少なくとも過去の一時点では犯人が誰だったのかという公益性を有していた情報の削除が対象になることが多い。

　そういう意味で今年、話題になったのは、初の忘れられる権利案件として大々的に報道された、ある人物が反社会的組織に所属していた過去を記述した検索結果の削除を求めた案件です。いったん、それは認められていたのですが、グーグルやヤフーがいろいろ調査したら、男性が実は結構な有名人で、雑誌か何かで自分がその組織にいたと答えていたことを明らかにした。「何だ、自分で明かしているのか。だったら、この削除命令を取り消しましょう」なんていうことも起きている。

　ヤフーやグーグルがジャーナリズム的な役割というか、そういう調査報道をしたことによって削除の可否が動いてしまう。そんな文脈で報道されていることもあります。視点を変えると、過去にどういう発言をしていたかを新聞とかテレビのようなマスメディアがどう仕事をするかによって、今後、検索エンジンからの削除の可否が動いていく。そういう影響力を持ち得るという論点もあると思います。

　日本に忘れられる権利があるのかというと、検索結果の削除の可否を巡る仮処

分決定がさいたま地裁でありましたが、「削除する」という仮処分に対して取り消しの決定もあって、現段階では独立の権利として認めているわけではなく、むしろプライバシー侵害とか名誉毀損の中で対処すべきだという段階になっています。

実名報道と公益性

　これを日本でどうしていくのかは、これからの議論になっていくのだと思います。忘れられる権利には、いろいろ難しいところがあります。検索結果を削除するのは「知る権利」とのバランスもあるわけです。

　日本で忘れられる権利の話題になったときにネットなんかで議論になるのは、「過去の若さゆえの過ち」とか「黒歴史」といわれているようなものが、ネット上に残り続けているのが耐えられないという人が多い。

　例えば過去にポルノに出演していたけれども、今はまっとうに生きているのだから静かにしてほしいとか、若さゆえにツイッターにばかな投稿をして炎上したとか、そういう経験が就職に不利になるとか。そういうものがずっと残り続けるのはどうなのか、人権侵害ではないのかという議論があって、非常に大きな問題だと思います。

　今、削除を争っている案件はどういうものが多いのかというと、ほぼ9割以上が犯罪歴の話です。犯罪歴が何で問題になるのかというと、ここで新聞とかが関わってくる。つまり逮捕された時に、新聞が全部実名で報道しているからです。実名で報道してネットに流れた情報が「2ちゃんねる」だとかブログとか、いろんなところに転載されるわけです。

　新聞の記事とかは、何日かするとウェブサイトからどんどん消えていくからいいのですが、違法コピーされて掲示板に転載された情報はずっと残り続けます。残り続けた結果、数年たっても「その時に公益性があった」という理由で犯罪者の氏名がネットに残り続けてしまう。何で忘れられる権利の問題になってくるのかというと、報道が実名報道をしているから時間を経て公益性が薄くなっても残ってしまっている。じゃあ、どうするんでしょうかということです。

検討すべき被疑者段階での実名報道

　忘れられる権利が問題になるケースのほとんどは、削除対象になるページの多くが報道記事の転載です。報道する時点で実名を避けた方が、もしかしたらいいのではないかという話もあります。もちろん、そういうことに新聞社が無自覚なわけではない。朝日新聞の「聞蔵」とか、読売新聞の「ヨミダス文書館」とかが、大学や図書館、企業向けに新聞記事の過去のデータベースサービスを提供していて、全ての記事が見られます。

　軽微な犯罪の実名は、このデータベースに入れるときには匿名化するそうです。問題は、紙だったら流通が止まれば消えていきますが、新聞社がいくらそういう配慮をしたところでネット、しかも違法にコピーされたものは残り続けてしまう。この問題は新聞社の責任だけではないけれども、そういうことが起きていて、どうしていくのかという論点もある。

　そうなると、被疑者段階での実名報道は避けた方がいいのではないかという論点も出てくる。実際に冤罪とは言わないまでも、逮捕されたけれど嫌疑不十分でそのまま釈放ということもあり、起訴されなかったというケースでも、逮捕された時点で警察から実名が出て新聞に載ったことで、本人に落ち度がなくても風評被害が残り続けるというケースもある。警察発表をうのみにして実名報道をして、それをネットが後押しするという複合的な、どこに責任があるのだろうみたいな事例もある。この被疑者段階での実名報道に対して、ネット時代だからこそ、もう少し慎重になった方がいいのではないかという論点もあります。

　これは訴訟になっていますが、何で実名がどんどん出てくるのがまずいのかというと、グーグルの場合、推測変換のサジェスト問題がある。誰かの名前が出たときに、その人を調べようと思ったら自動的にユーザーアビリティーを上げるため、「ほかの人はこんな検索ワードで検索しています」というのが出てくる。普通の人だったら大して出てこないですが、ちょっとでもネットで炎上した経験があったら、もうネガティブなキーワードしか出てきません。僕のサジェストキーワードとかもひどいものです。

　このサジェスト問題も係争中で、一審ではグーグルにサジェストを削除しろという判決が出て、高裁でひっくり返って今、最高裁まで行っています。忘れられ

る権利とは別の問題として、僕はこのサジェストにおける人権侵害の方が実は大きいと思っていますが、こういうところも論点になるのではないでしょうか。

ゴシップ報道はどこまで許されるのか

> **メディアが直面している報道とプライバシーの問題（4）**
>
> ▶ゴシップ報道はどこまで許されるか
> ➢写真誌などで目線をかけて特定されないよう配慮したゴシップ報道があるが、そうした記事はすぐさまSNSでシェアされて広まり、複数のネットユーザーの手によって、芸能人ブログや雑誌などで公開されている従前の情報と照合されて、特定される
> ➢「集合知」が個人特定やプライバシー侵害につながる事例が増えている状況で、マスメディアは、報道する際に少しでもそういう特定される情報につながらないよう、配慮が求められる

　事前に会場から幾つか質問をいただいています。その中の一つを読みますと、「米国の大統領選挙はメディアの方が予測したヒラリー（・クリントン）氏の勝利ではなく、メディアが批判的だった（ドナルド・）トランプ氏の勝利に終わった。米国でも日本でも、新聞やテレビといった大手マスコミはトランプ氏に批判的だったが、インターネットメディアはヒラリー氏のメール問題やクリントンファミリーの金にまつわるスキャンダルを暴いて次々と流した。結果的には伝統的な大手メディアは敗北し、ネットメディアが勝利したと言えないか。これからはネットメディアの影響力がますます強くなっていくのではないか」というものです。

これに関連する話ですが、これからのメディアとプライバシーの論点は、ゴシップ報道がどこまで許されるのかということにもつながってくると思います。写真週刊誌は結構えげつなくて、よく目線を掛けて、この女子アナウンサーはかつてＡＶに出ていたのではみたいなことが出ますが、大抵の場合、ああいう記事が出ると、すぐにどこの誰というのが特定されてしまいます。過去のブログとかいろんな写真を見て、ほくろの位置がここで一緒だとか、そういうのを暇な人が検証して、芸能人のブログとか雑誌で公開している従前の情報と照合され、特定されていく。

　集合知が個人特定やプライバシーの侵害につながる事例が増えている中、かつてはＯＫだった、自分たちが責任を取らない形でもってネットで炎上するような材料を知らず知らずのうちに与えている報道の形式が大きな問題になっていると思います。

　その問題がもっといくと、デマニュースの話になります。ＥＵ離脱問題とか米大統領選もそうだったのですが、離脱支持派とかトランプ支持派がさまざまなネットメディアやＳＮＳを使って対立陣営を攻撃する。そんな中、今回は勝ちましたが、トランプさんも大変でした。

　全米ではテレビと新聞を合わせて大体300くらいのメディアがありますが、98％とか99％がクリントンさんを支持し、トランプさん支持は１～２％。マスメディアはトランプへのネガティブ報道が多かったのですが、トランプ側には全く問題がなく、彼らは「メディアは信用できない」というメッセージを流し続けて暴言を言い、テレビが取り上げざるを得ないという状況をつくった。

　トランプはどこで自分の主張を言ったのか。ツイッターと「ブライトバート・ニュース」、いわゆる保守の「ハフィントンポスト」のようなネットメディアです。そこで何をやったのかというと、リベラル陣営あるいはクリントンに対してのデマです。もちろん本当のこともありましたが、いろんなデマを含めた攻撃というのがありました。

　最近聞いて衝撃があったのがこれです。英国のガーディアン紙が調査したのですが、ヨーロッパにある小さい国マケドニアの10代のハッカー少年というか、普通の若いデジタルネーティブの子供たちが「クリントンを攻撃するニュースをやると、たくさんアクセスが集まるらしいぜ」というので、うそニュース、デマ

メディアが直面している報道とプライバシーの問題（5）

- ▶ デマニュースが世論を形成する
  - ➤ EU離脱問題や米大統領選で、離脱支持派やトランプ支持派が、さまざまなネットメディアやSNSを利用して、対立陣営を攻撃した
  - ➤ マケドニアの10代の少年たちが扇情的な情報まとめたデマニュースを広告料目当てで作成
  - ➤ 人々の6割はURLをクリックせずシェアする
  - ➤ 全てのメディアは商業性と公共性の狭間で運営されている
  - ➤ デマニュースが厄介なのは、プライバシーなども含む「本当」の情報も散りばめられるところ
  - ➤ グーグルやFacebookがようやく対応を開始

ニュースみたいなものをネットからまとめた。日本でいえば「まとめサイト」のようなものを作って、たくさんアクセスを集めたんです。

何でやったのかというと広告料です。やはり扇情的なデマニュースにはアクセスが集まる。アクセスが集まったら、そこにピッて広告を張っておく。広告といっても自分で取ってくるのではなく、広告ネットワークです。あのネットワークをスクリプトに入れておけばアクセスが集まって、ちょっと普通のお小遣いとは違うレベルのお金が入ってくる。

炎上問題がなぜ今、ネットで起きているのか。確信犯的に相手を攻撃したくて自分の正義を疑わない真剣な人たち。愉快犯的に面白がっている人たち。そして無視できないのが、情報の信頼性とかはどうでもよくて、ゆがめた扇情的な情報でアクセスを集めて広告料を狙うビジネスでやっている人たち。この三者はやることが全部同じです。だから「炎上」が収まらないのではないかと思っていて、今回の大統領選でも行われていた。さらに怖いことには英語なんです。英語だから国境も越えてしまう。

6割の人は見出しだけでシェアしている

　国境を越えてこういうことが起きている状況で、もう一つ考えなければいけない。これも今年（2016年）出た衝撃のデータで、確かコロンビア大学とフランスの国立情報院が共同でやった調査です。ツイッターで流れてくるニュースのURL、これをシェアしている人の6割はリンク先に飛んで記事の内容を確認せず、そのまま見出しだけでシェアしているというデータが出てきました。つまり、4割の人は一応見ているけど、6割の人は見出しだけでシェアする。

　これも当たり前といえば当たり前だと思うんです。われわれも結構、電車に乗って中づりを見て、「あれはああだったらしいよ」みたいに友達と話してシェアすることはあります。でもSNSは桁違いです。われわれは中づりで見たような情報であれば、いろんな人、何百人とか何千人に触れ回ることはしない。だけどツイッターであれば、そういう見出ししか見ていない真偽不確かな情報であっても、簡単に2クリックするだけでリツイートとかシェアができてしまう。それによって、デマニュースであっても精査されずに流通してしまうような情報環境になっている。

　厄介なのは、全てのマスメディア、新聞にしてもテレビにしても一応ビジネスです。NHKとかNPOは別ですが、やはり会社がやっていると、どうしても商業性と公共性のはざまで運営しなければいけない。

　これも衝撃的な発言でしたが、アメリカの三大ネットワークの一つ、CBSのムーンベス会長が「トランプが大統領になるのは米国にとっては良くないかもしれないけど、われわれにとっては非常においしい」と言った。トランプが暴言を言い続けてくれる限り、視聴率と広告料が上がってうはうはだと。ある種の本音が出ていますが、そうなったときに（商業性と公共性のはざまで）なかなか難しい。

　もう一つの論点として、デマニュースが厄介なのは、結局のところプライバシーです。クリントンのメール問題に関しては、（内部告発サイト）「ウィキリークス」もずっと攻撃していましたが、デマニュースの全てがうそではないのです。本当の情報もちりばめられてしまうが故に信用されてしまうところがある。その結果、少なくないユーザーが影響を受けて世論が形成されていく。

　既存のマスメディアからトランプ大統領を誕生させたのはフェイスブックじゃ

ないかみたいな議論が出た時に、フェイスブックのザッカーバーグ最高経営責任者（ＣＥＯ）が、「いやそんなことはない。別にフェイスブックだけが原因じゃない」と言った。ただ、デマニュースが流れ過ぎて大統領選をゆがめたのではないかということで、今後、グーグルとかフェイスブックで流れる中にフェイクニュースが混じっている場合、明らかなデマに関しては落としていく対応を本格的に始めると一昨日（16年11月14日）、発表しました。

　質問に答える形で言えば、ネットメディアが既存のメディアをこういう正しくない情報で埋め尽くしているような状況が今、出てきているのだと思います。いろんな論点がありましたが、僕の講演としての論点整理は終わらせていただき、質疑応答に入らせていただきます。ありがとうございました。

司会　ありがとうございました。本日は参加者の皆さまから、たくさんの質問をいただいておりますので、代表的なものを幾つか津田さんからお答えいただければと思います。

四つの情報源を確保

津田 寄せられた質問の中で一番多かったのが、こういう質問でした。どちらかというとプライバシーというか、メディアリテラシーの質問です。「こういったメディア媒体の多様化にどう対応すればいいのか。伝統的な新聞や雑誌、書籍の活字媒体からテレビやラジオ、さらにはフェイスブックやブログといったインターネットメディアの急拡大と、情報を伝える媒体は確かに多様化、複雑化している。それぞれの媒体の長所と短所を解説いただき、どのような心構えで対応していけばいいのか」ということです。

まず「四つの情報源」を確保することです。一つは「紙」。何だかんだいっても、紙というのは非常にいい。そして「人」、もう一つが「体験」。これは僕というより、いろんな偉い人が言っていることでもある。本と人に取材することと、自分で体験するのがいいというのは島崎藤村が言っています。「三智」といって学んで得る智が大事であると。読書家で知られるライフネット生命保険の出口治明会長なんかも「本から学ぶのは大事です」と言っています。「人は人と交わって得る智。やはり人から学びましょう」と。そして「身近な体験によって得る智」と「旅から学ぶ」のがいいのではということです。

何の良さがあるのかというと、本というのはかけた時間に対して得られる情報密度が濃い。例えば今日のような専門性が高いものを学ぶときに、われわれはネットで「個人情報」や「プライバシー問題」で検索をして、いろんな記事がずらっと出てくるのを読むと思います。そんなことをやっていると平気で2、3時間がたち、断片的にいろんな記事とか情報が手に入る。けれども同じ2、3時間かけるのなら本屋さんに行って新書とかを買った方が早い。それこそ今日みたいな問題を考えるのなら、鈴木正朝さんとか神田弁護士の本を買って読んだ方が、かけた時間に対して得られる知識の情報効率が圧倒的にいい。それが本のいいところです。

大きな出版社には校閲がいます。もちろん編集者が内容を確認するけど、それとは別に情報の間違いがないかを校閲で確かめる第三者がいる。情報の確かさで言うと、新潮社の校閲が鬼のような情報確認をするというので有名です。でも、新潮社の校閲には50人います。情報の確認をするだけの人が社員と外部スタッ

寄せられた質問

▶「メディア媒体の多様化」にどう対応したらよいのかというもの。伝統的な新聞や雑誌、書籍の活字媒体からテレビやラジオ、さらにはフェイスブックやブログといったインターネットメディアの急拡大と、情報を伝える媒体は確かに多様化、複雑化している。それぞれの媒体の長所と短所を解説いただき、どのような心構えで対応していけばよいか教えてほしい

4つの情報源を確保しよう

▶紙　　学んで得る智（島崎藤村）　　「本」から学ぶ（出口治明）
　➢かけた時間に対して得られる情報密度が濃い
▶人　　人と交って得る智（島崎）　　「人」から学ぶ（出口）
　➢その人固有の知識やノウハウが得られる
▶体験　自らの体験によって得る智（島崎）　「旅」から学ぶ（出口）
　➢得た知識を使うことで経験知に変換される
▶ネット（スマホ）
　➢速報とオルタナティブな視点を得られる
　➢紙・人・体験（旅）の代替物にもなる

フ含めて50人いる。そういう複数のチェック体制から世に出てきた情報の信頼性の高さと、テレビとかのチェック体制——もちろん報道だからある程度はしていますが——新聞よりは厳密にやっていない。特に、バラエティー番組とか情報制作がやっているワイドショーみたいなものは結構、適当です。現場のＡＤが適当に調べたものとかが多いので、間違いがあったりもする。そうすると、新聞とか紙に比べるとテレビは若干、信用性が落ちる。

もう一つ重要なのは「人」です。メディア関係の人はお分かりだと思いますが、本に書かれていることやネットに書かれていることでもない、その人しか持っていないノウハウとか裏話みたいなものはたくさんある。実際に会ってみないと聞き出せない話もあるので、紙だけではなく、人から話を聞き自分で試してみる。知識を使って、それを経験として「智」にすることは非常に大事なことです。

ネットは道具、オルタナティブメディアである

じゃあ、ネットはどうすればいいのか。ネットも役に立ちます。何に役立つのかというと、まず速報です。いろんなものの速報を調べようと思ったら、やはりネットがいいでしょう。あとはオルタナティブな視点です。トランプ大統領が誕生したことの意味について、日本のマスメディアは困惑しているだけで、ほとんど米メディアの後追いぐらいしかできなかった。ところが、ソーシャルメディアにはいろんなオルタナティブな視点も出ているわけです。

マスメディアにはいろんなタブーみたいな話がある。例えば「ＳＭＡＰ」の解散騒動がありましたが、「ＳＭＡＰこそが被害者だ」という報道は新聞もテレビにもほとんどなかった。けれども、ネットにはジャニーズ事務所をたたくようなオルタナティブな視点の報道もある。

ネットに勝ちがあるとするならば、速報とマスメディアが紋切り型の報道しかできていないときに、それと違うオルタナティブな視点というのがあります。ただし、先ほど言ったようにデマニュースもたくさんあるので、信用度という意味では紙に比べて低いところがある。だからネットのニュースとか流れている情報というのは話半分にする。僕がよく言っているのは話を盛りがちな友人。「あの人の話は面白いけど、いつも盛るんだよな」くらいの感じで接するといいのでは

と思います。

　ネットも悪くなくて、代替物にもなります。スマホで電子書籍だって買えるし、SNSやフェイスブックで人と交流もできます。ある種のバーチャルな体験もできる。ネットというのは道具でもあるし、ある種のオルタナティブメディアでもあると理解して付き合うのがいいのではないでしょうか。

難しい戦いを強いられるマスメディア

寄せられた質問

- ▶悪意を持った拡散が社会基盤を揺るがすほどになるのを食い止めるのは社会教育か、政治指導か、または他にあるか。
- ▶3.11以降の一般人(一部)の政治意識の高まりと政治家の従来通りの在り方の乖離
- ▶ネットメディアは読者の個人情報をどのように取り扱っているのか
- ▶プライバシーの保護についてわかりやすく解説している本などはあるのか

　幾つか質問で寄せられていましたが、「悪意を持った拡散が社会基盤を揺るがすほどになるのを食い止めるのは社会教育か、政治指導か、または他にあるか」。これは難しいですね。情報社会学者の方がブログでエントリーに書かれていてなるほどと思ったのは、トランプ氏がすごく扇情的な情報と態度で大統領にまでなってしまった。日本のネットの炎上とかを見ていても完全に凝り固まっていて、

自分が信じた正義以外の情報というものを受け入れないですよと人に呼び掛けても、多分何も変わらない。

問題は、そういう人が周りにどんどん増えていき——フィルターバブルとかありますが——SNSで自分の意見に近い人だけで集まり、そのうち自分がマジョリティーだと思い、考えの柔軟さが失われていくという現象があります。いろんな物事に対して態度を決めかねている人、普通の左でも右でも過激でもないような人に対して周りの過激な人がどんどん影響を与えていき、それが世論になっていくところが怖いのではないかという話をしていました。

すごく地味な結論ですが、マスメディアの役割というのは過激な人に呼び掛けるのではなく、きちんと裏付けを取ったファクトで淡々と普通の人に「こうなんです」と伝えていくことではないかと。残念ですが、多分ここから数年、数十年はポピュリズムといってもいいのかもしれない。そして、ネットメディアを背景に付けた扇動型の政治家がどんどんのさばる時代になってくるのかなと。それに対してマスメディアは大変難しい戦いを強いられると思います。

3・11以降、一般人の政治意識の高まりと政治家の従来通りの在り方に隔たりが起きていると思います。僕自身も経験がありますが、ツイッターを見ていると右左関係なくすごく攻撃的です。今日のテーマとも関係しますが、攻撃していろんな恨みを買った人が実はある会社の部長で、自分のプライバシーが明かされることによってツイッターから退場していくなんていうことも、ここ1、2年ぐらいで起きています。

どうしてもネット上だと過激になってしまう。炎上を自分で起こすことができるので、自分がきっかけになって、その力を悪い方向に使っている人たち同士でぶつかって、冷静な議論ができなくなっているところもあるかと思います。

ネットメディアはどうやってもうけているのか

「ネットメディアは読者の個人情報をどのように取り扱っているのか」。1人とか2人でやっているネットメディアもあれば、割と大きな規模でやっているところもあるので、さまざまだと思います。ただ、ネットメディアが個人情報をどう扱うのかという問題とともに、ネットメディアがどうやってもうけているのかで

寄せられた質問

▶ テレビ、ラジオやネットなど多様なメディアで仕事される上で配慮されることなどあれば聞かせて下さい。プライバシー保護など含め、メディアによって言葉遣いを変えたりすることはあるのでしょうか?

▶ (女性から) ラインに個人情報を公開したら、悪意ある書き込みをされて困っている。防ぐ方法はないか

す。有料モデルじゃないところ以外は全部、無料の広告モデルです。となると、広告で使われているどの「アドテクノロジー」を使っているのかに、そのメディアのお行儀の良さ悪さみたいなものが出てくると思います。これもパネルディスカッションの議論になるかもしれませんが、高度なターゲティングとかアドテクでお行儀の悪い広告を配信しているところもある。逆に言うと、ネットメディアはアクセスを集めるだけではなく、どのような広告配信業者を使っているのかというところまで問われる時代になっていくのかもしれません。

プライバシー保護について分かりやすく解説している本ですが、今日いらしている鈴木正朝さんが『ニッポンの個人情報』(翔泳社) という本を出されていて、対談形式ですごく分かりやすいのでお薦めです。今日の論点でいうと、「ジュリスト」(有斐閣) が14年の2月号か3月号でデータの話をしていたので、バックナンバーも参考になると思います。

「テレビやラジオ、ネットなどのメディアで配慮されることがあれば聞かせてください」。これはそれなりに考えています。炎上につながるようなことは新聞とかテレビではやりたくないと思っています。

先月、電通の女子社員自殺問題で朝日新聞に原稿を書いたのですが、例として

『ニッポンの個人情報』

「100時間で亡くなってしまうとは情けない」という大学教授がいて炎上したことを引き合いに出しましたが、個人名を書くことはやめました。要するに、その人をたたくことが目的ではないし、実際、ネットにはたくさん出ていたけれども、そういうことは別に必要がないなら書かないということは選択しています。テレビでも、その辺は気を付けるようにしています。

最後です。「ラインに個人情報を公開したら、悪意ある書き込みをされて困っている。防ぐ方法はないか」。難しいですね。これはネットストーカーの問題にもつながってくる。今、利用規約でそういった行為を禁じているところが多いので、そのサービスの窓口に言った上で、それでも効果がなかったら弁護士に相談するしかないと思います。実際、昔に比べるとサービスを受ける側、SNSの側もそういった事例が増えていることが分かってきているので重要だと思います。後は警察に行くことです。警察に行くときには、きちんとネットに詳しい担当者を付けてもらい自衛するしかないのかなと。

若干オーバーしてしまいましたけど、一応主な質問に答えられたと思います。

司会 このほかにもたくさん質問を頂戴しておりますが、時間となりましたので質疑応答はここまでとさせていただきます。メディア・アクティビスト津田大介様に大きな拍手をお願いいたします。お時間いっぱい、たくさんの質問にお答えいただきました。本当にありがとうございました。

第2部

パネルディスカッション

プライバシー保護とメディアの在り方

パネリスト

鈴木正朝
新潟大学法学部教授、
一般財団法人情報法制研究所 理事長

神田知宏
弁護士、弁理士

山口真一
国際大学グローバル・コミュニケーション・センター講師、
東洋英和女学院大学非常勤講師

杉田弘毅
一般社団法人共同通信社 論説委員長

コーディネーター

松本真由美
東京大学教養学部客員准教授

パネルディスカッション

プライバシー保護とメディアの在り方

松本真由美氏

松本真由美　東京大学教養学部客員准教授（以下「松本」）　皆さま、こんにちは。本日はお忙しい中ご参加くださいまして、誠にありがとうございます。コーディネーターを務めさせていただきます東京大学の松本真由美と申します。

さて、本日のシンポジウムのテーマは「プライバシー保護とメディアの在り方」です。2005年に施行されました個人情報保護法23条では、本人の同意なしに第三者に個人情報を提供することを禁じています。しかし近年、ベネッセなどの情報漏えい問題などに象徴されますように、大手企業からの個人情報漏えい発覚が後を絶ちません。津田大介さんの基調講演でも触れられていましたが、インターネット上では個人のプライバシーを侵害するケースも少なくありません。

さらに個人情報を含む「ビッグデータ」を、ビジネスに利活用しやすくする改正個人情報保護法が早ければ17年の春にも施行される見通し（政府は17年5月30日に全面施行することを16年12月20日、閣議決定した）です。改正個人情報保護法は保護すべき個人情報を定めて、保護の強化にも力を入れる見通しですが、施行されればさまざまな課題は全て解決されるのでしょうか。個人情報やプライバシーを保護するために必要なことは何なのか。メディアはこうした現状を正しく把握し、対応できているのか。あらためてこれからのパネルディスカッションで検証してまいりたいと思います。

それでは、本日のパネリストの皆さんを紹介させていただきます。それぞれ一言ずつ簡単な自己紹介も兼ね、ご自身とこのテーマとの関わりもお話しいただけ

れば幸いです。まず日本の個人情報保護法制に詳しい新潟大学法学部教授の鈴木正朝さんです。

鈴木正朝　新潟大学法学部教授（以下「鈴木」）　新潟大学から参りました鈴木正朝と申します。パネルディスカッションのテーマとの関わりと申しますと、政府のパーソナルデータに関する検討会というのがありまして、その構成員として、個人情報改正についていろいろ意見などを申し述べてまいりました。そのほか日本工業規格（JIS）が定めた個人情報保護マネジメントシステムの要求事項（JIS Q 15001）の起草、プライバシーマーク（Pマーク）制度の創設、マイナンバー制度の準備のお手伝いもしてきたという経緯で、ここ10年ぐらい、個人情報保護法の研究にずっと携わっているという状況です。

松本　次にネット上での「忘れられる権利」について、新聞などメディアで発言されている弁護士の神田知宏さんです。

神田知宏　弁護士（以下「神田」）　神田です。よろしくお願いします。本日のテーマとの関係ですが、私はネットに出ている個人情報、プライバシー情報、または中傷といった情報の削除請求や、誰が書いたのかということを特定するための発信者情報開示請求の業務に携わっています。その関係で、数年前からグーグルやヤフーといった検索サイトに対して検索結果の削除請求というものを多く扱うようになりました。そうした過程で「忘れられる権利を有する」というふうに裁判所から判断をいただいたこともありました。ということで、本日はネットにおける個人情報の扱いについてお話しさせていただこうかと思います。

松本　続きましては、ネット上での「炎上」と情報リテラシー育成について詳しい、国際大学グローバル・コミュニケーション・センター講師の山口真一さんです。

山口真一　国際大学グローバル・コミュニケーション・センター講師（以下「山口」）　よろしくお願いします。ただ今ご紹介いただきました国際大学グローバル・コミュニケーション・センターの山口と申します。私の専門は計量経済学という、いわゆ

る統計学でして、その手法を用いて情報社会における経営とか、あるいは社会的な課題に対して実証分析をするということをやっております。最近ではオンラインコミュニケーション、特に炎上についての実証分析をしておりまして、その関係で今回パネリストに呼ばれたのかと思います。忘れられる権利とか個人情報保護という問題は、炎上という問題と密接に関わっておりまして、そういったお話も含めてできればいいと思っております。よろしくお願いします。

松本 最後に共同通信の杉田弘毅論説委員長です。

杉田弘毅　一般社団法人共同通信社　論説委員長（以下「杉田」） 皆さん、こんにちは。共同通信の杉田です。このパネルの中では私が唯一、既存メディアの代表という形で参加させていただいております。マスメディアといえば、特に活字メディアは読者離れが問題となり、ネットメディアからいろいろ批判されもしている。いわゆる個人情報保護の問題についても、マスメディアに対する不信が背景にあるとの指摘があり、まさに「四面楚歌」状態。本日もおそらく、他のパネリストや会場の皆さまから厳しい指摘をいただくと覚悟して参りました。どうぞよろしくお願いします。

松本 以上、4人のパネリストの皆さまとともに、パネルディスカッションを進めていきたいと思います。

　これからの議論ですが、主に三つのサブテーマを設けさせていただきました。最初はイントロダクションです。イントロダクションは、各パネリストによる現状と課題などの話題提供をいただきます。続きまして二つ目は、皆さまからいただきました事前質問への回答をパネリストよりさせていただきたいと思います。そして三つ目として、個人情報やプライバシーの保護とメディアの在り方を議論していきたいと思います。会場の皆さま方から事前にいただきました質問も今回のパネルディスカッションに入れておりますので、最後までお付き合いいただきますと幸いです。

　では、早速イントロダクションに入ります。パネリストの方々に個人情報やプライバシー保護の現状、課題などについてプレゼンテーションしていただきま

す。最初に新潟大学の鈴木さん、よろしくお願いします。

1.イントロダクション

ぐらつく社会保障制度

国際動向	背景：インターネット / クラウド / ビッグデータ/ IoT
① OECD：	1980年OECDプライバシーガイドライン→2013年改正
② APEC：	CBPR（APEC越境プライバシールール）制度創設
③ EU：	個人データ保護指令→一般データ保護規則、プライバシーシールド
④ 米国：	消費者プライバシー権法案，個別法、FTC法、州法＋重厚な司法救済
⑤ 国際規格：	ISO

国内動向	背景：少子高齢人口減少社会/社会保障と税の一体改革
① 一般法：	平27年改正個人情報保護法成立（個人情報保護委員会創設）
② 特別法：	番号法成立、政府CIO創設、医療等ID検討中
＊公的部門の個人情報保護法改正案検討中、医療等情報利活用法案検討中	
③ 告示：	個人情報保護ガイドライン乱立→　統一（個人情報保護委員会）
④ 国内規格：	JIS Q 15001（法令との不整合）→改正か
⑤ 民間認証制度：	プライバシーマーク制度（APEC対応）

鈴木　最初に私から改正個人情報保護法について、ざっくりと概要をお話しさせていただきます。まずパワーポイント（発表資料作成ソフト）資料の「国際動向」を見ていただきたい（鈴木氏のパワーポイント資料は「第3部　資料編」参照）。経済協力開発機構（OECD）やアジア太平洋経済協力会議（APEC）、欧州連合（EU）、米国、国際規格とありますが、実は関連法の改正作業は日本国内だけでなく、このところ国際的にも個人情報・個人データの取り扱いについてルールが大きく変わってきています。こういった国際的な流れを背景に国内の法改正の直接的なトリガーとなったのは、少子高齢化・人口減少社会を踏まえて社会保障制度がぐらついていることです。年配者が増えて働き手が減っているわけです

から、どうあがいても国家の財源は不足する。年金の財源不足、医療保険や介護の財源不足など、逃れようのない構造の中にわれわれはいます。

そうした状況下で「社会保障と税の一体改革」というのが民主党（現民進党）政権で始まり、超党派で進められた。どの政党が政権を取っても、この問題は「一丁目一番地」になりますので、いろいろ批判はありましたが、国民一人一人に番号を付ける**「マイナンバー制度」**を先行させようということになりました。「給付付き税額控除」など、新たな税制への選択肢を確保するということが構想されたわけです。

【マイナンバー制度】　国民一人一人に12桁の個人番号を割り当て、社会保障や納税関連などの情報を国や自治体が効率的に管理できるようにする制度。2015年10月から個人番号が通知され、16年1月に制度が始まった。国民も手続きが簡単になるが、個人情報の悪用を不安視する声が根強い。政府は対策として、個人情報保護法を改正して不正な情報漏えいに対する罰則を設けるほか、16年1月に個人情報保護委員会を新設し、制度が適正に運用されているか監視している。

行政の効率を上げるということで、内閣府の外局として独立性の高い「個人情報保護委員会」をつくってプライバシー権のチェック機能・ガバナンス機能を果たしつつ、もう一方で財源を確保する税制の面、社会制度の面で、一歩踏み込んで生存権を確保しようと考えたわけです。そのためにマイナンバー法が個人情報保護法の特別法として作成された。その関係で今度は、一般法である個人情報保護法自体も変更を迫られました。個人情報保護法の改正については過剰反応が懸念されたこともあり、関係省庁は長年にわたり法改正を逃げてきた。しかし追い詰められて、いよいよ法改正に踏み込んだというのが大ざっぱな経緯です。一般法の個人情報保護法の改正を先にして、マイナンバー法という特別法に手を付けるべきだったのですが、逆転してしまい特別法から切り込んでいったということでありました。

その間に国際的には「アノニマイズドデータ」とか「スードノマイズドデータ」とかいった概念、日本語にすると「匿名化」「加工化」「仮名化」といったような新しい概念でルールが形成されていきました。一方、日本国内では「匿名化とは

何か」という十分な議論がないままに、さまざまな問題が生じてきました。例えば医療情報をどうするか。まさに今、いろいろな議論がされる中で「医療ID」というマイナンバーに類似する新たなナンバー法も検討されています。こういった中で国内の個人情報保護法も動いております。

EUが認める水準の保護法制が必要に

鈴木正朝氏

　改正を迫る要因は他にもあります。代表的なものは、欧州連合（EU）とのデータ交換を密にするためには不可欠というものでしょう。例えばトヨタ自動車が、運転手がいなくとも自動的に目的地に着けるような次世代の自動車造りに意欲を示すグーグルに対抗するため、自らも自動運転の車を造るとします。造ればEUにも輸出したい。しかしEUは個人データの保護水準の低い国には、EU内のデータを引き渡したくないと言っている。EUでビジネスを行うには、EUが認める高度な水準の保護法制を日本国内で施行している必要があるわけです。

　自動運転車の問題にとどまりません。政府はあらゆる機器をインターネットにつなぐ「モノのインターネット（IoT）」を使った事業を進めようとしていますが、それにはさまざまな機械学習というか人工知能（AI）が円滑に動くようなシステムが必要で、そのためにいろいろなデータを集めて解析したいというニーズが出ています。いわゆるビッグデータ政策で、これにはEUのデータも使いたい。それから高齢化社会ですから、健康寿命を延ばすためには、薬の面でも

薬効を上げていかないといけない。適切なまたは高度な治療が行われるには、新しい薬の開発や遺伝子創薬などに踏み込まなければなりません。世界中から検体としての遺伝情報などを集めなければならない。こういったときにEUから個人データをもらえないと困ることになります。

ルールを与えられる国になった日本

　個人データの流通にも問題があります。基調講演で津田（大介）さんも触れられていましたが、スマートフォンやSNS（ソーシャル・ネットワーキング・サービス＝会員制交流サイト）の普及が急速に進んだ。その結果、何が起きたかというと、スマホの基本ソフト（OS）は米国のグーグルの「アンドロイド」か、同じ米国アップルの「ｉＰｈｏｎｅ」の２強が握ってしまった。個人データの収集も、米国生まれのツイッターやフェイスブックが中心です。つまり日本人の個人データというのは、スマホを使っていれば必然的に越境データとなって国境をまたいで行き来し、その管理の大本は米国企業が握っている。家電王国のころの日本と様変わりです。外国企業のやりたい放題。

　日本は高度経済成長時代に、製造業企業が強い国際競争力を発揮していたことから、いろいろな国際的ルール作りを主導していました。それがふと気付くと、ルールを与えられる国、利用者の国になっています。個人データだけでなく、企業間のB to B（business to business）データのやりとりでも同様です。情報データの管理は、海外の企業またはその企業が本拠を置く国――特に米国の法律――の下で動き始めていると言えます。

　そうこうしているうちに遺伝子検査などのビジネスが入ってきて、医療費などが高くなってきますと、本人の同意の下に中国での高品質で低価格のサービスを選択するようになるかもしれない。尿や血液は、行きは物流ですが帰りは情報として戻ってくる。やがて遺伝子検査もコストの安い中国に行くのではないか。中国は、もはや「安かろう、悪かろう」ではない。品質が高く、なおかつ安価である中国が、いろいろなビジネスで大きなウエートを占めてきたということです。やがて日本のデータは、ほぼ全てを他国で処理される時代がやってきそうです。そうなれば国内法だけ整備しても、実は十分に消費者、利用者を守ることができ

ない。

　個人情報保護委員会をつくっても、消費者庁を強化しても、対象が政府の主権の外にあれば、法執行はなかなか困難です。米連邦取引委員会（FTC）やEUのコミッショナーなどにお願いして調査処分、または調査などをお願いするということも増えてくると思います。じゃあ、それをする前提でどうしたらいいかというと、どの国でも違法行為が大体そろってないといけない。日本において違法でも米国やEUにおいて適法であるというのでは、調査や処分を依頼できないわけです。だからルールの平準化、EUや米国と保護水準を合わせるということが執行協力の大前提になります。

　既にわれわれが日常発信している個人データは国境を越えて行き来している。特殊な大企業だけが特別に越境データを扱っているわけではなく、個人が持つスマホのレベルで起きているわけです。この辺りを踏まえて保護水準の平準化を進めなければいけない時に、日本の経済界は規制緩和一辺倒でした。今、日本は先進7カ国（G7）の中で最も保護水準が低い。これは明確です。あらゆる法律家に聞いてみても認めるでしょう。高いという人は一人もいないと思います。そういう日本特有の状況の中で、個人情報保護法の改正作業は進められた。財界は規制緩和と最後まで言っていた。でも実質は保護水準を上げなければデータ流通は起きない。既に製薬会社は海外進出を考えています。

　財源がない時に日本企業が国内を離れて欧州に開発拠点を置く。なぜなら事業継続を考えたら、データ流通が滞るかもしれない国内に開発拠点を置くのはマイナスだからです。そうすると雇用はどこで生まれるのか。EUで生まれる。法人税はどこに払うか。EUに支払う。ますます悪循環に陥るように思います。

　こういったものを解決するために、日本がかつてのように「ハブ機能」を生かして情報を集められるような政策が必要です。規制緩和だけでなく、一部強化も受け入れなければならないかもしれない。強化も緩和も、ブレーキとアクセルですから、最適な政策に向かうための合理的な議論をしていこう。そういう前向きな対応の小さな一歩として、今回の法改正があったということだろうと思います。

　そういう大局的な状況を踏まえ、例えば企業の資金力は大丈夫か、最先端の技術開発能力は大丈夫か、医療の場合は患者の医療情報の集積力があるかを考えなければならない。無駄な規制があるのも確かですし、規制がないが故に情報が入っ

てこないという面もある。日本国内に情報が集まらないのは規制が強いからだという「印象論」で議論していては、隘路（あいろ）に入ってしまいます。この状況を解きほぐすのが、今後の改正の問題であります。

2000個問題

　個人情報保護を巡る現在の日本の状況は、個人情報保護法のほかに、行政機関は行政機関法で、独立行政法人は独立行政法人法で、地方自治体はそれぞれの条例という形で、ばらばらに管理されている。「2000個問題」と言っていますが、法律が約2000個ある。ルールが2000も乱立している中で、どうやって整合的に進めていこうかという問題があります。

　今回の**個人情報保護法の改正**では、個人情報の「定義」を改正し新たに「匿名加工情報」というものを入れたり、「要配慮個人情報」を入れたり、「個人識別符号」を入れたり、もう一般の人には分からないほどの多様な概念が入ってきまし

個人情報保護法・条例数 2000問題

医療分野における個人情報保護法（条例）の適用例

個人情報の取扱い主体	適用法	監督官庁
厚生労働省	行政機関個人情報保護法	総務省
国立がん研究センター	独立行政法人等個人情報保護法	総務省
岩手県立〇〇病院	岩手県個人情報保護条例	岩手県
宮城県立△△病院	宮城県個人情報保護条例	宮城県
陸前高田市立□□病院	陸前高田市個人情報保護条例	陸前高田市
大船渡市立△△病院	大船渡市個人情報保護条例	大船渡市
医療福祉法人済生会	個人情報保護法	厚生労働省
鈴木内科医院	個人情報保護法	厚生労働省

個人情報保護法の改正ポイント

1	定義の明確化	1.1 個人情報の定義の明確化（身体的特徴等が該当） 1.2 要配慮個人情報（いわゆる機微情報）に関する規定の整備 1.3 取り扱う個人情報が5,000人以下の小規模取扱事業者への対応 1.4 個人情報データベース等から権利利益侵害の少ないものを除外
2	適切な規律の下で個人情報等の有用性を確保	2.1 匿名加工情報に関する加工方法や取扱い等の規定の整備 2.2 個人情報保護指針の作成や届出、公表等の規定の整備 2.3 利用目的の変更を可能とする規定の整備
3	個人情報流通の適正を確保（名簿屋規制等）	3.1 トレーサビリティの確保（第三者提供に係る確認及び記録の作成義務） 3.2 不正な利益を図る目的による個人情報データベース等提供罪の新設 3.3 本人同意を得ない第三者提供（オプトアウト規定）の届出、公表等厳格化
4	個人情報の取扱いのグローバル化	4.1 国境を越えた適用と外国執行当局への情報提供に関する規定の整備 4.2 外国にある第三者への個人データの提供に関する規定の整備
5	請求権	5.1 開示、訂正及び利用停止等請求権があることを明確化するための規定の整備
6	個人情報保護委員会の新設及びその権限	6.1 個人情報保護委員会を新設し、現行の主務大臣の権限を一元化

日置 巴美 内閣官房IT総合戦略室 パーソナルデータ関連制度担当室 参事官補佐　資料15／59
（第26回日弁連夏期消費者セミナー 消費者の個人情報保護を考える〜どうなる、、情報化社会の未来〜）

た。現実問題として一般の人が、この多様な概念を捉えて正しく理解できるか甚だ疑問です。大手企業の企業法務ですら、また弁護士の一部ですら、この概念を正確に捉えてビジネスモデルを構築することは日々困難になっていくのではないか。しかも法改正が続きます。ＥＵとの交渉の過程で、保護水準はどんどん引き上げられ、それに伴い法改正が続きます。ここ10年は調整と混迷の時期が続くのだろうと思います。外国企業などが影響力を増してくる中で、サービスや商品の利用者・消費者の保護をどう図っていくのか、ますます難題が降り掛かってくるのではないかと予想しております。以上です。

【改正個人情報保護法】　2005年から施行された個人情報保護法は、14年に起きたベネッセコーポレーションの情報漏えい事件などを受けて改正が加えられることになり、改正マイナンバー法と一体で審議され、ともに15年9月3日に成立した。不正な利益を得る目的で情報提供した者に対する新たな罰則を設けるなど個人情報の取り扱いを厳しくした。人種や信条といった「要配慮個人情報」は、本人の同意を得て取得するよう義務付けた。個人情報の漏えい事件が相次ぎ、国民の不安が高まっていることを踏まえた改正だが、報道

など公共・公益目的の情報提供が当局から不当に制限される恐れもある。成立を受け、立ち入り調査権を持つ「個人情報保護委員会」が16年1月に新設され、企業や自治体の情報管理を監視・監督する。個人が特定できないよう加工したデータは、企業が活用しやすくなるようルールを明確化したが、プライバシー保護が万全か不安視する声も上がっている。

個人情報とプライバシー

松本 ありがとうございます。ここで少し鈴木さんに質問させていただきたいのですが、個人情報とプライバシーは似ているようで微妙に違うのではないかと思います。例えば封書の宛名のところが個人情報で、中身の文章がプライバシーだという乱暴なすみ分けをおっしゃる方もいます。両者はどういった関係にあるのでしょうか。初心者の基本的な質問ですみませんが、その辺りをお聞きできますでしょうか。

鈴木 個人情報の定義がまずあります。これは個人情報保護法という「行政規制法」で定めています。事業者規制のための法律です。われわれ一般を対象にした法律ではなく、事業者規制として行政庁が使う、個人情報保護委員会が使うための根拠法として存在しています。主に事業者だけが見る法律です。特定個人の識別情報ということで定義しています。

一方、プライバシーの権利に属する情報の方は、基本は「民法」の概念です。判例では私生活上の事実情報であって、一般人なら公開を望まない情報とされてきましたが、最高裁判例では個人に関する情報をみだりに第三者に開示または公表されない自由と言われています。かなりの程度かぶりますが、定義と判例上明確になった定義と違いますから、お互い独自領域を持ちながら重なっているという状況です。

プライバシーを侵害されたということであれば、こちらは神田（知宏）先生などに頼んで、裁判所に訴訟を起こして使う概念です。日常用語としてはプライバシーの権利に関わる情報、プライバシー情報と個人情報はエッセーや散文を書くときには同義語として国語上使いますが、法令用語としては定義が違いますので、専門家・法律家はきっちり使い分けています。根拠法も違う、出てくる法律も違

う、定義も違う。しかし大きくかぶるところもあります。少し分かりにくいかもしれませんが、法律上はこういう解釈になります。

松本 もう一つ伺います。改正マイナンバー法ですが、2018年からは銀行などの預金口座にも任意で番号を適用するということです。国民の資産を正確に把握し、脱税や年金の不正受給を防ぐのが目的としていますが、そうなると国によって私たちの資産が監視されたり、個人情報の流出の恐れも高まったりするのではないかという懸念も出てきます。これについてはどう考えればいいでしょうか。

鈴木 われわれより保護水準、個人データの保護意識の高い欧州においてすら、既に番号法は採用されています。脱税したい人は知られたくないと言うでしょうけど、たかだか預金くらい国税庁は今だって確認できるわけです。一網打尽にできるのが良くないというけれども、金融資産を捕捉するという目的は、多分ここにいる皆さんが対象ではなく、国はもっとリッチな数パーセントの人たちの金融資産を捕捉したい。これから財源が不足するのは必至です。どうあがいたって社会保障費は上がる。財源が不足すれば医療の自己負担を上げるしかない。

団塊世代の250万の方たちが後期高齢者になった時どうなるのか。生まれてから死ぬまで、国家の予算から医療費を1人当たり1200万円使っているのです。そのうち600万円は75歳以上の後期高齢者になってから使います。250万人の団塊の世代が75歳になる30年前後、東京オリンピックから10年後くらいに、財政に大きくドカンと響いてきます。消費税率を少々引き上げたぐらいでは足りないのです。消費税率を15％、20％にしないと穴埋めできない。構造上の問題なので、どんな政権が政策を担っても同じ結果を招きます。そういう生存権の問題が目前に迫っている時に、預金情報を税務当局が把握して、富裕層からもきっちり累進課税で取るための準備をしなくてどうするんですか。

財源を手当てする国の責任と、個人のプライバシーの権利の両方を見ていかないといけないのです。乱用は困りますが、個人情報保護委員会をつくって行政機関自身をチェックするガバナンスをつくりながらやらなければ駄目です。やらないなら財源をどうするか、堂々巡りになろうかと思いますが、最終的には国民の投票で決めるしかない問題だと思います。

松本 分かりました。ありがとうございます。続いて弁護士の神田さん、プレゼンテーションお願いいたします。

プライバシー情報をどう扱うか

> 忘れられる権利
> と
> プライバシー
>
> 弁護士　神田知宏
> 2016/11/16

> ### いわゆる「忘れられる権利」
>
> - EU司法裁判所（2014/5/13）
> - 日本での用語の使われ方
>   - 検索サイトに対する，検索結果の削除請求権
>   - ネット情報の削除請求権
> - プライバシー権侵害差止請求
>   - 個人が識別できること（同定可能性）を前提として，一般人ならば公開を欲しない，非公知の，私的情報について削除を求める
>   - 情報の公共性とプライバシーとのバランスにより，削除の可否が決まる→公共性の高い情報は削除請求できない
>   - 保有個人データには限定されない
>
> Kanda Tomohiro　　　　2

神田　「忘れられる権利とプライバシー」というテーマで話させていただきます。「忘れられる権利」という言葉は、このところよく報道されていますが、そもそも何ぞやという定義から話しますと、実は日本で忘れられる権利を定義した法律はないのです。では何をもって忘れられる権利といっているかというと、有名な

のは欧州連合（EU）司法裁判所の 2014 年 5 月 13 日の判決です。この中で**「忘れられる権利」**という言葉が出てきました。

神田知宏氏

【忘れられる権利】 インターネット上に残り続ける個人情報の削除を求める権利。欧州連合司法裁判所が 14 年、所有不動産を競売に掛けられた過去についての検索結果削除を求めたスペイン人の訴えを認め、注目を集めた。日本でも同年秋以降、削除を命じる司法判断が複数出ている。検索サイトには知る権利や表現の自由を確保する公益的な役割があるとされ、個人情報がむやみに削除されることに対する懸念もあり、世界各地で議論を呼んでいる。

日本で「忘れられる権利」をどのように使っているのかというと、一般には検索サイトであるグーグルとかヤフーに対して、検索結果の削除を請求するということを指していると思います。またはもっと広い概念として、ネット上に出ている個人情報を削除請求する権利ということで使っている場合もある。しかし、どんなものを指して忘れられる権利と言っているかは、あまりはっきりしません。今回は忘れられる権利という言葉を使って、ネットにおけるプライバシー情報をどう扱うかというテーマで話しますので、大体イメージとして「ネット上の情報を削除する件に関する話」という感じで受け止めていただければいいかと思います。

鈴木（正朝）先生から「個人情報とプライバシーは違う」という話もありましたが、ざっくりした話をするため、まずはどうやってネット上の個人情報を削除請求するかを説明します。具体的には「プライバシー権侵害の差し止め請求権」というのを使う。ただ、このプライバシー権侵害の差し止め請求権というのは条

文がない。そもそもプライバシー権について規定している条文がなく、差し止め請求権についても条文がない。従って弁護士は依頼者から「ネットに出ている私の個人情報を消したい」と言われた場合には、条文も何もないプライバシー権の差し止め請求権というものを使って、削除請求するという難しい仕事をすることになります。

どういった場合にプライバシー情報、個人情報を削除できるかといえば、3要件があると考えられます。まず私的事項であること。一般人ならば公開を欲しないであろう事柄、そして非公知の事柄というような条件の下にプライバシーだと判断する。ただ、そこまではプライバシーの要件でしかないので、さらに削除請求をするためには「個人が識別できる」ことが必要です。そして「公共性とプライバシーのバランス」を考えて、公共性が上だったら削除しない。プライバシーの方が上だったら削除する。そういう判断がなされています。少しかみ砕いて言うと、代表的な例として政治家の個人情報、政治家のプライバシーの問題がある。最近だと、議員が不倫をしていたというようなことがニュースになっていましたが、議員の場合には「私生活も資質の問題として国民の批判にさらされるべきだ」という考え方がある。そこで「公共性が高い」ということになり、おそらく不倫をしていたというプライバシー情報であっても削除すべきでないという話

検索結果削除をめぐる近時の裁判例

裁判例	手続	媒介者論	明らか要件	補充性要件	第三者の知る権利・表現の自由・反論の機会・ほか
東京高決27.7.7	即時抗告	肯定	肯定	肯定か	必要不可欠なサービス
さいたま地決27.12.22	保全異議	否定	否定	否定	手続保障不要
徳島地決28.6.23	仮処分	否定	否定	否定か	衡量要素
東京高決28.7.12	保全抗告	否定	否定か	否定か	検索サービスの重要性
東京地決28.7.14	保全異議	否定	否定か	否定	一定の制約はやむを得ない
名古屋地決28.7.20	仮処分	否定	肯定	−	−
福岡地決28.10.7	仮処分	否定	否定	否定	衡量要素
札幌高決28.10.21	即時抗告	否定	肯定	肯定	重要な役割
東京地判28.10.28	訴訟	否定	否定	否定	衡量要素
横浜地川崎支決28.10.31	保全異議	否定	否定	否定	アクセスは不可能ではない

Kanda Tomohiro

になる。では、企業の社長の不倫話はどうか。社長の不倫の話だと公共性がそれほどないので削除決定が出るケースがある。そういう違いがあります。

次に検索結果削除について、このところの裁判例をざっと表（前ページ）にしてみました。報道されているもの、されていないものいろいろありますが、大体が「仮処分決定」。判決で出ているものはあまりなくて、表の中だと1個だけ。残りは「仮処分手続きの中の決定」というような形で出ています。

東京高裁があったり、札幌高裁があったりしますが、大体、検索結果の削除という場合には三つの論点がある。一つは「媒介者論」。これは検索サイト側の言い分で「われわれはネットの情報を機械的に集めているだけで、われわれの意思で情報を発信しているわけではない」との主張。従って「削除請求するなら、われわれではなく、情報を発信したブロガーなり掲示板会社なりを対象にしてくれ」という。この媒介者論を肯定したものに東京高裁の7月7日の判断がありますが、それ以外はほとんど「否定」ないし「否定しているのではないかと思われるもの」ばかり。このため最近では「検索サイトが自分の会社の判断で出している検索結果は検索サイトの表現だろう」という見方で固まっていると思います。

また「明らか要件」というのもあります。検索サイトが削除義務を負うにしても、その要件は極めて厳格であるべきだというもの。検索サイト側は「一見して明白に違法な場合に限られるのではないか」と主張する。この表の中では、この主張を認めた裁判所の判断が三つくらいあります。後は大体、否定しているという状況です。

さらに「補充性の原則」という要件もあります。先に検索サイトへ削除請求するのではなくて、「ブログ等に削除請求して断られたら来い」と検索サイト側は言うわけです。しかし、この問題についても、裁判所は先に検索サイトへ削除請求していいと言っているものの方が多い。ということで、ここ1、2年は「検索結果を削除請求できる場合がある」という流れになっていると思います。

削除は表現の自由と知る権利を侵害するのか

よく言われるのが「検索サイトの削除は、第三者の表現の自由と知る権利を侵害するのか」ということ。第三者の表現の自由というのは、もちろん検索サイト

検索結果の削除は第三者の表現の自由と知る権利を侵害するか

- 東京高決H28.7.12
    - いわゆる電子掲示板であると認められることから，本件犯行とは関係のない事実の摘示ないし意見が多数記載されている
    - 看過できない多数の者の表現の自由及び知る権利を侵害する結果を生じさせるものと認められる
- 東京地判H28.10.28
    - リンク先のウェブサイト上で表現を行った者が被告の本件検索サービスにより表現行為を他者に伝達しやすくなっていることは，被告が本件検索サービスを実施していることによる反射的利益にすぎない
    - 【解説】検索サイトの表現の自由と，請求者の人格権とのバランスにおいて検討する

ではない第三者を指します。ネットでブログを書いているブロガー、ネットでいろいろな意見を発信している方々、そういった人たちの「表現の自由」を侵害するのではないか。そういったブロガーたちのいろんな意見を読みたいという国民の「知る権利」を侵害するのではないか、という論点があるわけです。

　これについて東京高裁は7月12日、「看過できない多数の者の表現の自由と知る権利を侵害する」というふうに言っている。検索結果を削除すると、第三者の表現の自由を看過できないまでに侵害すると言っているわけです。しかし、著作権法には「検索結果を削除する」という条文がある。そうすると、著作権法の条文は憲法違反なのかという疑問が生じる。そこについては決定では何も述べていません。そこで、その疑問をぶつけてみたところ、東京地裁の決定が出た。報道もされていましたが、この判決で何を言っているかというと、ブロガーが検索サイトによって自分のブログを見つけてもらいやすくなるのは、検索サイトのサービスによる「反射的利益」にすぎないと言っているんです。すなわち「看過できないまでの表現の自由の侵害というのはない」との結論になっています。

　結局のところ、検索サイトに対する削除請求で問題になるのは、「第三者の表現の自由」ではなくて「検索サイトの表現の自由」なのです。検索サイトの表現の自由と、プライバシーを侵害されていると訴えている請求者のバランスにおいて検討するのだと東京地裁は言っている。その検討要件の中で、検索サイトがど

相談事例

- 過去の実名報道（犯罪報道）
  - 公共性・公知性は低下するか，という問題
- 引退した公人の私的情報
  - 公共性は低下するか，という問題
- 範囲限定で公開されている情報
  - そもそも非公知なのか，という問題
- 自分で過去に公開した情報の拡散
  - プライバシー放棄と同意の範囲の問題
- 被害者のプライバシー

ういう性質のものであるかとか、公共性であるとか、そういうものがいろいろ考慮要素になる。そういう考え方をしているのがこの判決です。

　これを踏まえて実際、どんな相談があるのかというと、一番多いのが過去の犯罪を実名で報道した記事の削除請求です。ものすごく多い。起訴猶予になったらすぐに相談に来る人もいますが、5年前とか10年前に実名で報道され、それが今ネットで拡散していて、自分の名前で検索すると自分の犯罪報道が出てくるといったケースです。それを何とかしたいという相談が非常に多い。

　このケースでは、「公共性」ということが問題になる。この前の10月28日の判決では「この犯罪報道はみんなに知らしめておく公共性がある」として、まだ削除は認めないという結論になっていました。ところが、その後に報道された川崎の事件では「もう国民に知らせておく公共性はない」という判断をして、削除を認めた決定がありました。今のところ、過去の犯罪報道を今でも表示しておくことについて、公共性があるのかないのかという判断をそれぞれの裁判所が行っている状況です。

　もう一つ問題なのは「公知性」の問題です。先ほどプライバシー権侵害は非公知であることが要件という話をしましたが、「ネットに出た以上、それはもう非公知ではなく、公知なのではないか」と言う裁判所もあります。これも論点の一つと考えています。

名誉権は放棄できない

　「引退した公人」をどう扱うかという問題もあります。公人は、先ほど議員の不倫の話を出しましたが、そのほかにもいろいろなプライバシーを書かれるわけです。しかし引退して何年もたった、かつて公人だった人はどうなるのか。公共性は低下するのか。もう引退して公人ではないのだから、過去に公人であった時に出ていたプライバシー情報というのは公共性が低下するはずで、削除請求できるのではないかという問題提起です。

　次は範囲限定で公開されている情報の問題。例えばフェイスブックだと、友達限定で出しているような写真であるとか、そういう範囲限定の情報がある。こうした情報が公開されているネットにばらまかれた場合、それはもはや公開された情報であるとして削除が認められないケースがある。私は「その場合は非公知」だとの判例を引用して仕事をしています。

　次は自分で過去に公開した情報が拡散したケース。津田さんの基調講演でも触れられていましたが、「自分で過去に言ったことがある」「どこかの雑誌に話したことがある」といった情報について、それならプライバシー放棄だろうと指摘されるわけです。これについては、プライバシーを放棄したと考える必要はないという裁判所の決定が一つあります。プライバシー放棄ではなくて、同意の範囲の問題なのだと言っている。なぜかというと、古い大審院の判決に「名誉権は放棄できない」という判例がある。名誉は人格権ですから放棄できず、結局は同意の範囲の問題じゃないかと、そんな議論をします。

　最後は「被害者のプライバシー」の問題です。数は圧倒的に少ないが相談はあります。「自分は報道されているこの件で被害者なのだが、自分のプライバシー情報がネットでさらされているのはたまらない。だから削除したい」という話です。私は別の場所で『被害者情報については公共性がないだろう』という話をしたことがありますが、その時にはメディアの方から「それはひどいのではないか。報道するのがわれわれの仕事なのだ」と反論された。これは一つ課題になるかと思います。

死んでも消えないプライバシー情報

逮捕報道はいつ削除請求できるか

- 「刑の消滅」説に依拠すると思われるもの
  - 東京高判H26.4.24（執行猶予）
  - 東京高決H28.7.12（罰金刑）
  - （反対説）横浜地川崎支決H28.10.31
- 公訴時効期間を目安にしていると思われるもの
  - さいたま地決H27.6.25（公訴時効よりも短期間）
- 期間を明示しないもの
  - 東京地判H28.10.28（公訴時効よりも長期間）
- 【現状分析】目安が示されていない

限定的公開情報とプライバシー

- 電話帳や法人登記，訴訟記録として公開されている情報の場合，プライバシー侵害は成立するか
- ネットで公開されているニュースのコピーの場合，プライバシー侵害は成立するか
- 東京地裁平成13年10月5日判決
  - 訴訟が公開の法廷で行われ、訴訟記録の閲覧が制度上認められているからといって、本件記事の内容が当時一般の人々に知られていたとは認められないし、夫婦内部のトラブルにおける一方の言動は、他方にとっても他人に知られたくない私生活上の事実である。

　いわゆる逮捕報道について一番相談の多いカテゴリーで、いつになったら削除請求できるのかという話をしましょう。逮捕報道から時間を経て、いつになった

ら削除請求できるのかという件について、全く条文がありません。元々プライバシー権の条文がないし、プライバシー権差し止め請求権の条文もないわけです。条文のないところで今、裁判所と請求者側と請求される側の三者で、一生懸命知恵を絞って考えている状況なのです。

そんな中で、大体三つぐらい考え方がある。一つは「刑の消滅」というものに依拠する考え方。刑法34条の2であるとか刑法27条であるとか、そういったところに刑の消滅という条文がある。これに依拠して、例えば5年たったら消せるとか、10年たったら消せるとか、そういうことを言っているような裁判例がある。これに対して別の裁判所が、そんな刑の消滅は基準にならないとする事例もあります。

二つ目は公訴時効期間を目安にするもの。表では忘れられる権利を挙げた、さいたま地裁決定の一つ前の決定ですが、公訴時効期間を目安にしているのではないかと思われています。期間を明示しないというものもある。どういう期間で消せるか全く示しておらず、総合衡量的受忍限度判断ということで、いろいろな要素を加味して、何年たったら消せるのか考えましょうという考え方をしている裁判例がある。

最後に「死んでも消えない」という話をお伝えしてプレゼンテーションを締めくくりたいと思います。ネット上の情報は消えないので、依頼者の苦悩というの

死んでも消えない

- ネットは情報を半永久的に覚えている
- 1度しかない人生を過去の情報により制約される苦悩
  - インターネット以前にはなかった問題
- 遺族はデジタル遺品は相続しても，削除請求権は相続しない
- ゆえに，死んでも消えない
  - 「このままでは死ねない」という相談例が増加している
  - 遺族の削除請求に対応できるかも問題となる
- オールドメディアの社会的責任は
  - ネットにプライバシー情報を残させない工夫が必要

Kanda Tomohiro

はみんな共通しています。「一度しかない人生なのに、たった一回の過ち、過去の情報で人生が制約されている」と皆さん、苦痛を感じている。また遺族が困っている例もある。遺族はデジタル遺品は相続しても、削除請求権は相続しない。それでも亡くなった方の情報を削除したいという要望が生じるケースがある。私は、何とか消せるようにできないかを考えていくべきだと思っています。新聞などのマスメディアにも、ネット上にプライバシー情報を残させない工夫をしていただきたいと考えます。

松本 ありがとうございました。この死んでも消えないという最後の話は、非常に印象に残ります。しっかりこの問題を考えなければならないと思うのですが、日本より先行しているといわれているEUや米国のプライバシー権の保護はどうなっているのでしょうか。

神田 米国は表現の自由の方が強いので、忘れられる権利という話はしていませんが、EUの方は忘れられる権利というのを判決でも書いていますし、条文でも書いている。ということでEUの方が先行していると考えられます。

松本 公共の利益と個人情報の保護との折り合いというのも非常に難しいそうですね。

神田 日本の裁判所も公共の利益がどれくらいあるのか、情報の公共性がどのくらいあるのかということを考えて、削除を認めるか認めないかを判断しています。しかし、公共性をどう考えるのかという根本のところが、実は難しいのではないかと思います。

松本 ありがとうございました。それでは続きましては国際大学グローバル・コミュニケーション・センター講師の山口真一さんにプレゼンテーションしていただきます。よろしくお願いします。

炎上の実態と情報社会の未来

炎上の実態と情報社会の未来

プライバシー保護とメディアの在り方

2016.11
山口　真一（国際大学グローバル・コミュニケーション・センター　講師）
連絡先：syamaguchi@glocom.ac.jp

炎上とは何か

◆ 炎上の背景
  - インターネットでは誰でも自由に発信可能。討論の民主主義が社会の裾野まで広がっていくと期待された。
  - 平均して1日1回以上炎上が発生（年間1,000件という統計も）。
  - 炎上：ある人や企業の行為・発言・書き込みに対して、インターネット上で多数の批判や誹謗中傷が行われること。

◆ 事例：青山学院大学学生踊り炎上事件

- 学生が店内で騒ぐ様子をTwitterでシェアして炎上。
- インターネット上で徐々に拡散。大学側は事実確認のうえ謝罪。
- 数日後には人気まとめブログやネットニュースが取り上げ、広く拡散。
- 個人情報も晒された。

http://www.tanteifile.com/diary/2016/06/10_02/

山口真一氏

山口 私からはインターネット上での、いわゆる「炎上」の実態と「情報社会の未来」についてお話しします。まず炎上とは何か、そして炎上の社会的影響は何かを説明した後、統計分析から明らかになった炎上の実態と、それにわれわれはどう対応していけばいいのかという話をしたいと思います。

まず炎上とは何か。いまさら解説するようなことではありませんが、ネットという非常に素晴らしいツールが普及して、われわれが平等に発信できるような時代がやって来ました。当初は「これで完全な民主主義が達成される」という希望、あるいは「合意形成がやりやすくなるのではないか」といった期待があったわけです。しかし現実には、一つの対象にネット上で批判が集まるような炎上といわれる現象が頻発している。具体的に申しますと、年間400件以上あるいは千件という統計もある。これは炎上の定義が曖昧だからなのですが、いずれにせよ、かなり多い。本日もおそらく「誰かが燃えているだろう」という状況です。

炎上にどういったものがあるかと申しますと、ここに1枚の写真があります。青山学院大学の学生が炎上した学生踊りの事例です。学生があるスーパーマーケットで、踊ったり騒いだりしている動画がありまして、それをわざわざツイッターにアップロードして炎上してしまった。動画が次々とネット上で拡散され、最終的には、大手マスメディアでも報道されました。

今回のテーマと絡めて話しますと、彼らは個人情報を残念ながら特定されてしまった。津田さんの話にもありましたが「特定厨（とくていちゅう）」といわれる、炎上している人を特定するのが大好きな人がいまして、特定作業を率先してやるんです。彼らに特定されるのにどれくらいの時間がかかるかというと、大体1日かからない。も

プライバシー保護とメディアの在り方

不謹慎狩り

◆ 事例：熊本地震での「不謹慎狩り」
- 著名人がネット上で発信するコメントや画像をことごとく批判する「**不謹慎狩り**」という現象が発生。
- **震災被害者に対する配慮が欠けている**として批判が集中した事例。
- 被災地からの情報を発信していた芸能人が発信を停止する例も。

- 500万円を寄付したと振込写真付きでアップロード。
- 「いちいちSNSに上げる必要があるのか」「こんなときに、わざわざ募金しましたって画像アップする神経がマジですごい。」「好感度上げたいのか」等の批判が見られた。

http://www.j-cast.com/2016/04/21264833.html

　ちろんマスメディアは、個人情報に配慮して報道しているのですが、その前に、既にネットでは個人情報があふれているという状態ができてしまっているのが現状です。

　ほかの事例としまして、最近話題になった「不謹慎狩り」というものもあります。これは熊本地震が起きた際にあったのですが、著名人がネット上に「こういう仕事をやります」とか「寄付をしました」みたいなことを発信すると、「今はそういう状態ではないだろう」とか「売名行為ですか」みたいな突っ込みが、どこからともなく降ってくる。そういった不謹慎狩りという現象──これはおそらく朝日新聞が付けた名称です──が、熊本地震の時には起こってしまった。被災地から情報を発信していた著名人の方が、あまりにもひどい攻撃を受けたため、被災地での活動をやめてしまったという事例もありました。「いちいちＳＮＳに上げる必要があるのか」とか「わざわざ募金しましたって画像をアップする神経がすごい」と批判された。当人もそんなこと言われたくないでしょうが、こういった難癖がどこからともなく降ってくるということがあります。

炎上現象の社会的影響とは

炎上の社会的影響

- ◆ 炎上のミクロ的影響
  - 炎上対象者の**心理的負担増加、社会生活への影響**。進学・結婚の取り消し等。
  - 企業であれば**株価の下落、企業イメージの低下**等。バイト店員が炎上して倒産した企業も。
- ◆ 炎上のマクロ的影響
  - 炎上から逃れる方法は沈黙。**情報発信の停止**をまねく。
  - 「表現の自由」は今まで政府による規制の議論が中心だったが、炎上は「**大衆による表現の萎縮**」という新しい現象。かつ、その規制は**過剰**なものとなりつつある。
  - 発信への一方的攻撃は**民主主義の危機**といえる。
- ◆ 窮屈な社会へ
  - NHKスペシャル「不寛容社会」
  - 荻上チキ「僕らはいつまで『ダメ出し社会』を続けるのか」

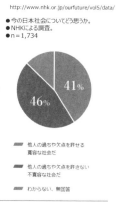

　ほかにもたくさんの炎上事例があります。炎上現象は社会的にどのような影響があるかというと、ミクロ的に考えると対象になった人の人生がめちゃくちゃになってしまうかもしれない。さっきの学生の例だと、もしかしたら就職に響いたかもしれません。実際に就職に響いたとかいう事例も耳にしました。企業であれば、株価が下がるなど経済的な影響もあります。中には閉店してしまった店とかもあります。より大きな視点、マクロ的に見ますと、炎上から逃れるには結局、発信をやめるしかないわけです。さっきの学生の例でも、彼らが発信しなければ攻撃の対象にはならない。

　2009年に出た本のタイトルで『ウェブはバカと暇人のもの』（中川淳一郎、光文社新書）というのがあります。その頃はスマホもそれほど普及していなくて、それこそ「ネットはやらなくてもいいのではないか」という主張もあり得た。しかし、今はみんなが当たり前のようにスマホでネットにつないでいる。ネットという素晴らしいツールが普及しきっている状況です。あらゆる場所でネットにつ

ながっている状況なのに、炎上を防ぐには発信をやめたらいいなんて、もはや言えないわけです。さらに発信をやめるしかないならば「表現の萎縮」につながるというか、表現の自由を脅かしているような話ではないのかと思います。その意味で炎上は、まさに社会的コストと言えます。

「表現の自由」というのは、これまで政府による言論弾圧というのが議論の中心でした。だが今は「炎上が怖いから、炎上しやすい話題──例えば安全保障など──はネットではしない」と言う方がたくさんいます。そうした状況は事実上、表現の自由を規制していると言えます。だんだん窮屈な社会になっている。

炎上はなぜ起こってしまうのか

炎上は何故起こるのか

- ◆ 「ネット世論」は本当に世論なのか？
  - ➢ 過去1年以内に炎上に書き込み経験があるのは、ネットユーザの約**0.5%**。
  - ➢ 既存の世論調査は受動的に述べた意見。**ネット世論では能動的に述べた意見**しか反映されていない。
  - ➢ 確固たる信念を持ち強く批判する人ほど、強い思いをもって多く発信する。
  - ➢ 1件当たり1～3回しか書き込まない人が70%の一方、**51回以上が3%**。年間**11件以上が10%**。
- ◆ 何故炎上に書き込むのか？
  - ➢ 60～70%の人が**正義感**から参加。
  - ➢ 楽しんでいる人は20%程度。

アイスケース炎上に対して書き込んだ理由
2016年調査
調査対象：約40,000人
書き込み者：145人
http://www.itmedia.co.jp/news/articles/1308/20/news124.html

- 1. 間違っていることをしているのが許せなかったから 51%
- 2. その人・企業に失望したから 19%
- 3. 多くの人が書き込んでおり、自分も参加すべきと感じたから 9%
- 4. 色々書き込むのが楽しいから 17%
- 5. ストレス解消になるから 5%

NHKの番組で「不寛容社会」というのがありました。あるいは最近出た本で『僕らはいつまで「ダメ出し社会」を続けるのか』（荻上チキ、幻冬舎新書）というものがあります。NHKの番組で使っていたグラフを見ると、46%の人が「今は社会が不寛容になっていると思う」と答えている。「寛容と思っている」人は

> ## 統計分析から分かる炎上の実態
>
> ◆ 炎上参加者の属性
> ➢ 計量経済学的なモデル分析の結果、「**男性**」「**年収が高い**」「**課長以上**」等の属性が、炎上に参加しやすい人の特徴であることが明らかに。
> ➢ 社会的地位があり、知識のある人が「**正義感**」から攻撃を加えているという実態。
>
> ◆ 炎上参加者の価値観
> ➢ 「ネット上では**非難しあって良い**」「世の中は根本的に**間違っている**」「**ずるい奴がのさばるのが世の中**」「**相手の意見が間違っているなら、どこまでも主張して相手を言い負かしたい**」等の考えを持っている。
> ➢ **社会に対して否定的**で、**攻撃的**で、**不寛容**な人というプロフィール。
> ➢ 尚且つ、「**炎上は社会を良くしている**」と肯定的だと、炎上加担件数も炎上書き込み回数も増加する傾向。
> ➢ これらを選択している人は決して多くない。**価値観に特殊性**が見られる。

少数で、「分からない」などを除くと不寛容だと思っている人の方が多い。

　こういった社会になった原因の一つともいえる炎上が、なぜ起こってしまうのか統計的に分析した結果をまとめました。アンケートがベースですが、こちらで統計分析にかけた結果、過去1年以内で炎上に書き込んだ経験のある人は、20～60代のネットユーザーの約0.5％だった。つまり、炎上によるネット世論は、たった0.5％の人が形成していることになります。

　さらに、既存の世論調査とネット世論には大きな違いがある。それは、既存の世論調査が「聞かれたから答える」という受動的な意見の発信なのに対し、ネット世論というのは「これを言いたい」という非常に能動的な情報発信であることです。能動的な意見表明自体は、もちろんいいことだと思いますが、強い思いを持って発信する人は何度も書き込みますし、どんどんその声が大きくなっていく。一方で「別にどうでもいいではないか」と思っている人や「少しは支持する」という人は、あまり発信しない傾向にある。そのため「とがった意見」が目立ってくる、というのがネット世論の現実であると言えます。

　さらに炎上1件当たりに対して「1回から3回しか書き込まない」という人が

ほとんどなのです。これは先ほどの0.5％の中で、さらに60〜70％の人が、だいたい1回から3回しか書き込まないと言っている。一方で「51回以上」という人が3％くらいいた。件数で言いますと「年間11回以上の炎上に参加した」という人が10％くらいいた。このアンケート結果から考えますと、炎上に参加する0.5％の中でも、さらにごく少数の「ヘビーな書き込み手」の声が、ネットの言論空間の中にあふれているということになります。

　彼らはなぜ、炎上に参加して書き込みを行うのでしょうか。例えばアイスケースに入って横たわっている写真をアップして炎上した事例があります。この事例について何で書き込んだのか聞くと、60〜70％の人は「許せなかったから」とか「失望したから」などの正義感を理由として答えている。つまり「おふざけで広めてやろう」というよりも、「こんなの許せない」「けしからん」と言って叱り付けたいという人が多い。もちろん楽しんでいる人もいます。どの事件でも大体20％程度いました。10個くらいの事例で聞いたのですが、圧倒的に多いのは「正義感からの書き込み」です。楽しんでいる人とかストレス発散という人もいるのですが、現状としてはこうであるということが分かってきました。

　さらに炎上に書き込む人の属性についてモデル分析を行ったところ、「男性」「年収が多い」「課長以上」などの属性が見えてきました。こういう人の方が炎上への加担率、つまり書き込む率が高いという結果が出た。今まで皆さんは炎上に参加するなんて「ばかなやつがいるものだ」と思っていたのではないでしょうか。でも対岸の火事の話ではない。炎上には実は、われわれの身の回りの人が参加している。引きこもりでネットばかり見ている人が起こしている現象では決してないのです。

　先ほどの「許せなかったから」という話と合わせて考えますと、知識のある人、情報に対して感度がいいというか情報を集めている人たちが、安全保障問題であれば「自分と考えがあまりに違う」「許せない」といって書き込んでいるのが炎上という現象であることが見えてきました。

議論を呼び掛ける「中立的な視点」も必要

　以上は客観的な属性ですが、内面を見ますと、ちょっと特殊だなという面も見

正義と不寛容

- ◆ 不寛容社会の正体
  - 他者を攻撃してしまう「正義感」が社会を窮屈にしている。人の本質は不寛容。
  - 誰でも自由に発信可能になった。そして、強い思いを持てば持つほど多く書き込み、**声が大きくなるような場所がインターネット**。
- ◆ 炎上に加担するマスメディア
  - 炎上を**積極的に報道**・・・実際に加担している人はごくわずかであるが、大きく報道。※炎上認知者の**約60％はテレビのバラエティ番組から認知**（吉野、2016）。
  - 炎上したことをさらに**厳しく追及**・・・ネット発信のバッシングに乗っかり、著名人を厳しく追及。
  - 議論を呼びかけるような、中立的な視点が必要ではないか。

本を読みながらまく「二宮金次郎」の像は、子どもがまねたら危険なので座った像にすべきだ

- 同感できる
- 同感できない
- わからない、無回答

● NHKによる調査。
● n = 1,734

http://www.nhk.or.jp/ourfuture/vol5/data/

- ●「同感」でも23％。多くの人は同感できない。
- ●わずかの批判で取りやめる「超萎縮社会」。萎縮側にも問題がある。

えてきます。炎上に参加する人たちは普通の教養人、あるいは裕福という結果だったのですが、価値観は特殊です。例えばネット上では非難し合っていいとか、世の中は根本的に間違っていると不満を持っているとか、相手の意見が間違っているなら言い負かしたいとか、攻撃的で社会に対して否定的であるという人が多い。そういう人が炎上の主役であるということが分かってきました。先ほど、現代は不寛容な社会であるという話をしましたが、不寛容な正義を振りかざす人たちが炎上に加担しているということです。

まとめますと、不寛容社会の正体として、他者を攻撃する正義感が不寛容社会を形成していると分かりました。ネットには素晴らしい点もあるのですが、強い思いを持てば持つほど、多くを書き込んで声が大きくなるような場所がネットでもある。人は本質的には不寛容だと私は思っています。

何十年か前には、国が一つの方向に向かって走りだし、反対する人たちを徹底的にたたいた時代がありました。今はネットがそうした雰囲気を直ちに顕在化させたり、増幅してしまったりする。こうした傾向は、マスメディアにとっても対岸の火事ではないと思います。実際に加担している人はごくわずかという結果も

萎縮社会のゆくえ

◆ 「萎縮社会」のゆくえ
  - 企業や人々は「批判されにくい中庸的なサービス・発言」しか出来なくなる。
  - その結果、企業は**競争力を失っていく**。
  - 長期的には、**多様な人々**も自分にベストなサービスやコンテンツ・議論がなくなり、効用（幸福度）が低下する。

◆ 炎上とどう向き合うか：規制の危険性と限界
  - **匿名性**がネットでの誹謗中傷を増加させるとの観点から、**インターネット実名制**の導入を希望する声もある。
  - ネット掲示板等の利用に本人確認を課すというもの。韓国での導入実績がある。
  - **誹謗中傷の抑制効果は小さく、一般の書き込み数の大幅な減少**を招くのみの結果に。
  - 掲示物数（日次）：1319件→400件　　誹謗掲示物割合：変化はなし
  - 表現の自由という観点から匿名性の強制撤廃は違憲とされ、廃止された。

出ていますが、マスメディアがそれを大きく報道することがある。私の研究ではないのですが、炎上認知者の約60％はテレビのバラエティー番組から知ったという調査結果もあります。炎上をマスメディアで聞いて、けしからんというので厳しく追及する声が膨らんでいく。ネット発信のバッシングに乗っかって追及する声が膨らみ、耐えきれずに自殺した方もいらっしゃいます。

マスメディアには、議論を呼び掛けるような「中立的な視点」も必要なのではないでしょうか。また、「炎上が怖いから発信をやめよう」とか「こういう表現はやめよう」「これはＮＧだ」というのが暗黙のルールとしてあるように思います。しかし、あまりに萎縮する社会にも問題があります。萎縮社会が行き過ぎると企業や人々は批判を恐れるあまり、中庸的なサービスと表現に陥っていく。そうなると企業であれば競争力が失われるし、消費者も多様な要求があるのに中庸的なサービスしか提供されないのでは困る。つまり社会にとって「負の効果」が生まれていくということが言えます。

炎上とどう向き合うのかを考えるときに「規制の危険性と限界」にも配慮が必要だと思います。韓国では「匿名性が悪意ある書き込みを後押ししている」とい

炎上への対策：教育

◆ 長期対策：ネットリテラシー教育推進
- 小中高生に、炎上の知識や適切な情報発信の形を教育する。
- 炎上やネット情報に対する理解を深めることで、炎上被害を回避させ、炎上参加も防ぐ。
- 低年齢化に伴い、幼少期からネットに触れており、早期の教育は必須。

◆ 教育の要素

①ネットもリアルも変わらない：ネット上での言葉遣いも良識に従う。
②炎上参加者は少ない：実際に書き込んでいるのはごくわずか。小さい世界。
③情報を鵜呑みにしない：情報は常に「偏っている可能性がある」「デマである可能性がある」ことを知っておく。
④フィルタリングの可能性：情報選択において、自分と近いものを見ているだけの可能性がある。

https://corporate.aoi-zemi.com/news/info/442/

う意見を踏まえて、ネット書き込みに実名制が導入されたことがありました。その結果、全体の発信数がものすごく減ってしまった。一方で悪意のある書き込みの割合はほとんど変わらなかったといいます。誹謗中傷の割合はほとんど変わらなかった。先ほど申し上げた通り、炎上に書き込んでいる多くの人は「自分は正しい」と思って書いているから、実名であろうと関係ない。叱るのは正しい行為と考えているから、なかなか規制でコントロールするのは難しいというのが現状です。

　私はデマ検証のプラットフォームというか、正しい情報を提供するプラットフォームサービスを行うのがいいのではないかと考えています。例としてドイツのデマ検証プラットフォームサービスを紹介したい。これは難民に関する発信のデマの検証です。難民が少女をレイプしたという事件がありました。実際にあった事件だったのですが、事件の起きた後に各地で同様の訴えが頻発した。そのほとんどがデマだったということです。つまり、難民に悪い感情を持っている人たちが、意図的にデマを流して世論を成形しようとしたと言えます。それはおかしいというので、デマを検証するプラットフォームをある団体が立ち上げた。最新

その他の対策

◆ その他の対策
  - 正しい情報を提供するプラットフォームサービス（下部参照）。
  - 実際に炎上被害者になった場合の具体的な対処法と、その際の法的な根拠を周知する。
  - 通常議論の場には司会や議長がいる。そのようなファシリテーターをネット上の議論にも用意したプラットフォームサービス。
  - 明らかな差別表現・個人情報晒しあげについて、自動検知して1ステップ踏ませる。あるいは、削除対象とする。

● 民間の取り組み「Hoaxmap（デママップ）」（ドイツ）。
● ドイツでは難民に関するデマを流す事例が増加。
● Hoaxmapでは、事件があったとされる場所を地図上に表示し、ピンをクリックすると事件の概要とその虚偽を証明するリンクが現れ、ユーザーは内容を確認することができる。

http://forbesjapan.com/articles/detail/11389

の情報ですと、米国のグーグルやフェイスブックといったネットメディア、英国のBBCのようなマスメディアも含んだ団体が「ファースト・ドラフト・ニュース」という新しい法人を立ち上げ、デマかどうかを検証してSNSなどに提供するということを始めました。こういったデマ検証のシステムが進化していって、今は炎上が頻発していますが、だんだんネット上の言論空間というのも変わっていくのではないかと考えています。いただいた時間もなくなりましたので、私のプレゼンは以上で終わります。ありがとうございました。

松本 山口さんありがとうございました。ネット上での炎上問題、確かに既存のマスメディアでも大きく取り上げています。書き込む人の属性が、社会的地位の高い方や年収の高い方というのは、非常に驚きました。では、続きましては共同通信社論説委員長の杉田弘毅さんにお話しいただきたいと思います。よろしくお願いいたします。

危機的状況にあるマスメディア

杉田 皆さん、こんにちは。杉田です。津田さんの基調講演を含め、3人のパネリストの方々によるプレゼンテーションは、大変示唆に富むものでした。私は、共同通信社の論説委員長として普段感じていることを「プライバシー保護とメディアの在り方」というタイトルに即して、お話しさせていただきたいと思います。

　冒頭のあいさつでも言ったのですが、私はこういうタイトルでシンポジウムが開かれるというのは、マスメディアがきちんと仕事をしていないという疑いの表れではないかと、身につまされる思いがしています。すなわちマスメディアへの不信が大変高まっていて、危機的状況にあるという現状が反映されているのではないかとの思いです。

　事件の被害者の実名とか住所とか、そういったものが捜査当局から発表されたとする。マスメディアは「プライバシー保護」という原則の下で、実名などを出すか出さないか決めていく。つまりメディアが主体となって報道内容を決めていくというのが原則です。ところが最近は、マスメディアが今までいろんな問題を引き起こしてきているというので、新聞の読者あるいは一般の国民が「マスメディアには名前を出したくない」と考えるケースが増えているようです。こうした傾向を受けてか、警察なり県庁、市役所といった自治体、さらには中央省庁も、マスメディアに個人の実名を出さないようになっています。

ニューヨークで米大統領選の勝利宣言をする共和党のトランプ氏(左)と敗北を表明する民主党のクリントン氏＝2016年11月9日(ロイター＝共同)

　この問題に関連して、このところずっと米国の大統領選の取材をしていて非常に感じたことがありました。CNNというテレビ局で米国の政治について一番詳しく、正しく報道してきたジョン・キングというリポーター

がいるのですが、彼が選挙開票日の夜に「われわれは現実に即した報道をしてこなかった」ということを言った。それは予想が外れたということなのですが、では現実に即さないマスメディア、現実に即さないジャーナリズムなんてあるのか。結果からすると、ファンタジーに基づいて、つまり、自分たちの期待で記事を書いていたということになります。

選挙結果を正しく予測できなかったキーワードは「隠れトランプ」の存在のようです。誰にもはっきりしたことは分かりませんが、数字にすると300万人くらいいた

杉田弘毅氏

のかなという分析があります。300万人、大したことはないと思うかもしれませんが、鍵を握る州、例えばフロリダというのは12万票の差でトランプ氏が勝ちました。ペンシルベニア州も7万票差で勝ちました。ですから、全米で300万人の隠れトランプがいて世論調査に正しく答えなかったというか、マスメディアを信じていない人々、メディア不信の人々がそれだけいたとなると、メディアの選挙予想も間違えてしまいます。

ではなぜ、隠れトランプの人たちはマスメディアに正直に答えなかったのでしょうか。一つには「自分たちの言うことを全然聞いてくれない」「自分たちの主張を書いてくれない」という不満が募っていて、それが転じて「マスメディアは敵だ」となってしまった。トランプ氏も「主要マスメディアは敵だ」と不満を持つ民衆をあおって、その結果としてメディア不信が起きた。

エピソードを一つ紹介します。ニューヨーク・タイムズ紙という新聞があります。リベラルな新聞で、日本でも読めます。この新聞を読むと、1ページ目から最後のオピニオンというページまで、トランプ氏というのはなかなかいいことを

言っているじゃないかという記事は一つもない。選挙戦の最終局面になると、トランプ氏に投票しようとしている人たちに呼び掛けたいという著名なコラムニストのエッセーが1面に大きく載るわけです。内容は「今からでも遅くない。皆さん、心変わりしなさい」といったもの。でもトランプ氏の支持者はニューヨーク・タイムズ紙をほとんど読んでいないので、完全な空振りになるんです。

　トランプ氏の支持者は白人労働者階級とよく言われたのですが、ニューヨーク・タイムズ紙はそういう人々と全然コンタクトができていなかったということです。他の米国の主要マスメディアの事情も似たようなものです。だから世論調査だけで選挙結果を分析してみても、予想は全然当たらなかった。トランプ氏の支持者にしてみたら「われわれとコミュニケーションしてくれないメディアは信用できない」ということで、トランプ氏を推しているネットメディアやSNSを頼りにし、仲間たちだけが集う空間に閉じこもってしまった。一方でヒラリー・クリントン氏を支持している人たちも、ニューヨーク・タイムズ紙みたいな別の閉じられた空間で暮らしている。二つの米国が存在する形になってしまった。

　マスメディアは本来、その両者の「橋渡し」をするような仕事をするべきなのですが、それを全くやってなかったということがあります。それがマスメディア不信の根本原因なのではないかと思うのです。日本においても結局、政治的な立場の違いはあるのですが、やはりマスメディアがもたらしてきた「メディアスクラム」などの積み重ねが、不信につながっているように思います。

なぜ実名報道でなければいけないのか

　日本新聞協会が作った「実名報道」というパンフレットには、知っている方もいらっしゃるかもしれませんが、本当にきれいなことが書いてあります。実名報道は民主主義の基盤であって、匿名報道では事件の被害者の悲しみとか痛みとかいったものを身近に感じられないと。やはり名前があって、年齢があって、顔写真があって、そこで初めて事件の重大さをわれわれは理解できる。事件をファクトに基づいて報じ、その上で民主主義社会をつくっていくのが原則であるということを言っています。

　理念としてはその通りだと思います。ところが、現実は理念通りにはいかな

い。例えば、神奈川県相模原市で7月に起きた障害者施設の事件で警察や行政当局は被害者の名前をマスメディアに発表しなかった。こういうことは日々あります。やっと名前が分かって、遺族のところに行って「実名報道が原則ですので、お願いします」と言っても断られてしまう。こういうときにきれい事を言っても、果たして合意が得られるのだろうかという問題があります。

山口（真一）先生のお話とも関連するのですが、犯人を英雄視する書き込みは結構ある。つまり、優生思想的なことに染まって、そういう書き込みをするのです。遺族の方々は、そうした悪意に気付いていますので、「民主主義社会のためにご協力お願いします」と言っても同意してもらえない。その辺りが、われわれマスメディアが日々悩んでいるところです。

「実名報道」

とはいえ、匿名報道の記事になると、表現としてふわふわして読んでも読み応えがない記事になってしまう。「何とか実名で報じられるように頑張りましょう」と若い記者に言うのですが、若い記者が現場で遺族に対面して報道原則みたいなことを言っても、共感してもらえない。「民主主義は大事ですけれども、私の家族が何らかの形で攻撃されたり、言葉の暴力に苦しんだりするのであれば、私にとっては家族の方が大事だ」「あなたは当事者じゃないから、そんな理想論的なことを言うのでしょう」と反論される。そこには乗り越えにくい壁があるということになります。

「なぜ全てが実名報道でなければいけないのか」という主張も実際にあります。われわれはどんどん押し込められて、四面楚歌みたいな状況の中で匿名報道ばかりが増えていく。基調講演で津田さんに「自分は実名が大事だと思っている」と言っていただいて、ちょっと安心したのです。実名と匿名、どちらなのかと言われれば実名を選ぶべきだと考えます。事件は記録だし、言ってみれば社会の公共のものとして扱わなければならない。それには実名報道が大事ということです。

事件を身近な出来事として受け止めるために

　個人情報保護法の関係では、改正されてマスメディアはますます大変だという指摘もあります。しかし、そもそもマスメディアは個人情報保護法の適用除外で、改正法でもそれは変わりません。ただ、それがなかなか徹底されていないということです。そしてマスメディアに個人情報を与えないという動きは、個人情報保護法ができる前から始まっているのです。個人情報保護法ができたことよりも、マスメディア不信が原因というか、どちらかというとそちらの方が強いのではないかとの思いもあります。

　各国の例を調べると、米国は実名です。亡くなった被害者の遺族の同意を得たり得なかったりしますが、実名を出している。報道する側も実名でやるのが原則です。ドイツはファーストネームは紙面化しますが、名字についてはイニシャルということです。英国も実名です。フランスは実名原則だけれど、場合によっていろいろ。韓国は日本と似ていて、発表は匿名の場合が多いが、マスメディアの側が一生懸命実名を取っている。その上で、マスメディアとして実名か匿名かを判断していくということです。

　英国は新聞報道が一番早く始まって、確立されたところです。その英国では事件をわれわれの社会の身近な出来事として受け止めるために、実名で報道するのが原則となっています。匿名での報道になると、われわれと縁遠いところで、あるいは全く別の世界で起きているように受け取られ、身近に感じないということになる。英国では、実名報道が何とか貫かれているということです。

　炎上の話とかいろいろな問題が出てきましたけれども、あるいは米大統領選の話にも関連するのですが、やはり民主主義というと、大げさかもしれませんが「市民社会としての熟度」みたいなものが問われている。その部分をきれい事だけで済ませていいのかとの批判はあるかもしれません。基本的にはそれに向かってマスメディアも、われわれの責任でもってやりますという姿勢を貫くべきだろうと思います。皆さんの中でもマスメディア不信の方はいらっしゃると思いますが、既存のマスメディアにはこれまでの経験の蓄積があります。そうした経緯、失敗もありますが、いろんなことを考えて判断してやっています。

　夕刊で名前が出て、朝刊で名前が消えるということもあります。それは事件の

進展によって、事件の性格が変わると切り替えることがあるからです。ちぐはぐなみっともないことで、いまさら匿名にして何の意味があるのか、写真も出ている、それを匿名にしてどうするんだという意見もありますが、そういうちぐはぐなところも含めてさらけだし、日々、悩みながら前に進んでいる。そうした作業を日々続けているのがマスメディアの現状です。

2. 事前質問への回答

松本 杉田さん、ありがとうございました。以上 4 人の方にプレゼンテーショントークをお願いしました。では二つ目のサブテーマに進みたいと思います。会場にお越しの皆さんから事前に質問をいただいており、これからパネリストの方々にお答えいただきたいと思います。残りの時間が限られていますので、できるだけ簡潔にお答えいただければと思います。最初の質問です。60 代の男性からの質問で「メディアによる個人情報の公開範囲は、一般人と公人とではどのような差があるのでしょうか」というもの。これは杉田さん、お答えいただけますでしょうか。

プライバシーを放棄しているのか見極めて報道を

杉田 教科書的な答えになりますが、その人の社会的影響力によって扱いが変わってきます。政治家とか官僚の上の方とか、あるいは大手企業のトップ、この辺りは普通の方とは違う扱いになります。では芸能人はどうなのか。芸能人はテレビに出ていて、若い人を含めて大変影響力があるのは事実です。芸能人は「自分たちは公人ではない」とマスメディアの対応を批判しますが、スポーツ選手も含めて社会に対する影響力は大きい。その影響力をもって仕事しているわけで、仕事というのは社会的活動の一つであるので、社会的責任も大きなものになってくる。そのため、個人情報の公開範囲は一般の人よりも広がっていると思います。

松本 ありがとうございました。続きまして 40 代の男性からの質問です。「通常

は知りえないような何事かの内幕を暴露するタイプの調査報道が、結果的にプライバシー侵害を引き起こし、被害者による訴訟を招いて司法判断でも違法だと判断されることがあるのでしょうか」。これは神田さん、お答えいただいてもよろしいでしょうか。

神田 プレゼンで示したスライドの中に事例としてちょっと出したのですが、そういうケースもあります。裁判の記録を読んで、それを基に報道したのだけれども、プライバシー侵害というふうに判断された裁判例があります。芸能人のプライバシーも放棄しているといわれますが、マスメディアは当人が本当にプライバシーを放棄しているのか、その辺りを見極めて報道していただくといいかと思います。

松本 ありがとうございました。次に50代の男性から「凶悪事件やストーカー事件では加害者は保護されていますが、被害者については過熱報道によりプライバシーが公になっていることが多いと思います。今後もこのような状況は変わらないのでしょうか」という質問です。神田さんと山口さんから一言ずつコメントをいただけますか。

神田 先ほど少し話しましたが、被害者情報は削除すべきだと私は思います。被害者の方は、加害者よりも情報の公共性が低いのではないかと考えています。

山口 私としても近い意見でして、先ほどのお話に反対するようで申し訳ないのですが、どちらかというと「実名報道ってそんなに意味があるのかな」という立場を持っています。知る権利と個人情報の最適なバランスというのを、これからもっと議論していく必要があるのではないかと思います。

松本 ありがとうございました。主婦の方からの質問です。「プライバシー保護の大切さと同時に、漏えいの危険があることなどを理由に国民に知らされない事実があるのかと不安も募ります」というもの。杉田さん、お答えいただいてもよろしいでしょうか。

杉田 プレゼンの後半部分で私が述べたことの繰り返しになるかと思うのですが、われわれメディアは、できるだけいろいろな情報を入手して、広く国民に知らせていきたいと日々努力しています。あまり私たちが一生懸命やっているということばかり強調すると、お叱りを受けるかもしれませんが、記事として出すものは、取材する記者が書いて、キャップが見て、さらにデスクが見て、何重ものチェックを経て出しています。その段階ではいろんなフィルターが掛かっていて「これはプライバシーを保護し過ぎじゃないか」とか「もうちょっと保護した方がいいのではないか」というような議論の末に記事を出しています。

共同通信社は通信社ですので、知ったら短時間のうちにテレビ局や新聞社に配信しなければならない。そういう時間の制約の中で記事を出している。日本の新聞も150年の歴史があって、いろいろな大失敗もたくさんあって、戦争の話なんかしだしたら切りがないのですが、何を報じ何を報じないのかの経験、知見の蓄積というのはそれなりにあると思います。ですから「なぜこれはこういうふうに保護されているのか」「なぜこれは実名が出ているのか」と聞かれた場合には、きちんと説明できるだけのものを用意している。そういう心構えでやっています。

松本 ありがとうございました。次は「個人情報保護委員会ができて、監督が一本化されたといえるのか。2000個問題が指摘されるように、2000近くの省庁、自治体が、それぞれ2000のルールをばらばらに適用して個人情報を保護している状況をどうするのか」という質問です。これは鈴木さん、お答えいただいてもよろしいでしょうか。

瓦解する情報化社会と個人情報保護

鈴木 この問題については昨日（2016年11月15日）、規制改革推進会議に呼ばれまして、山本（幸三）大臣や副大臣、政務官に提言したところです。個人情報保護法というと法律が1本あるようなイメージですけれども、例えば病院を考えてみますと――公立病院がかなり地域の医療を支えていますが――何々市立病院、区町村立病院、それから都道府県立病院など多数ありますが、それぞれの病院を規律する個人情報保護のルールは、それぞれの自治体ごとにばらばらな個人

情報保護条例が存在しています。そのほかに広域連合、一部組合など特殊な自治体もありまして、そこは場合によっては診療所などのルールで規律する。ルールがない空白地帯まであります。

47都道府県、1740幾つかの市区町村、その他百数十の一部事務組合、それぞれのルールがばらばらにあることを総称して「2000個問題」と呼んでいます。2000個のルールがあっては、個人情報を連携して「お薬手帳」一つ作れない。市立のA病院に行って睡眠薬をもらい、県立病院に行ってまた睡眠薬をもらう。これでは本人が一日に処方されるべき許容量を超えてしまう。また、一個一個の薬に医療保険がなされている。薬が多く出されるため、ため込んで捨ててしまうことも少なくない。こうしたことが全国で行われています。健康にも悪ければ、国の財布にも悪い。これを全く把握できないのです。ルールがばらばらで連携もできない中では、情報流通も経済成長もできないということになります。

ルールがばらばらで、自治体ごとに同じ条文でも結論が異なります。手続きもそれぞれの自治体の審査会で了解を得るなどがあって、50自治体で連携して医療情報を収集しようと思っても、50自治体の審査会それぞれの結論を待たないといけない。こういう形の不都合ばかりが起こっています。

昨日、「地方自治体の保有する個人情報保護法を国家法にまとめてしまえ」という提案をしました。行政機関法、独立行政法人と個人情報保護法、自治体の個人情報保護法、民間の個人情報保護法、この四つを新しくできた個人情報保護委員会の所管の下に置くべきです。

改正個人情報保護法は今後、3年ごとの改正をしながらEUや米国との保護水準調整をしていく見通しです。しかし、これに合わせてルールを変更できる自治体はありません。このままでは、国家法が世界と並ぶ形で変容していく時に、自治体は昭和時代のままの個人情報概念で捨て置かれてしまいます。あるいは、頑張る自治体は3年ごとに条例改正を繰り返し、担当者が疲弊を続けるという不幸な状態になるでしょう。まずは4法をまとめて「プラットフォーム」にし、個人情報保護委員会の監督下に置くよう早急に手を打たないと、情報化社会も個人情報の保護も、共に瓦解するのではないかと懸念しています。

松本 鈴木さんにもう一つ質問させていただきます。津田さんが基調講演で触れ

た「ＪＲ東日本のＳｕｉｃａ問題」で、「違法との判断が出たのに、マスメディアはそれをあまり正確に報道していないように思う」と問題提起したものです。お答えいただけますか。

マスメディアに不信感を抱くのは当然

鈴木　スイカ問題は、結構ややこしい。どういう問題であったかというと、スイカのデータベースをＪＲ東日本が持っています。スイカＩＤ、または記名式スイカといって、皆さんが会社に行くときに使う定期券には利用者氏名、利用者電話番号、性別が入っており、さらに入札情報には駅名やゲート番号、年月日、時分秒まで入っています。出札情報とスイカで買った物販情報、あと切符の金額もあります。これらは全てＪＲ東日本が保有するデータベースに書いてあります。

　これを分析するために、まず氏名を削除する。昔だったら匿名化といいます。名前を消せば匿名で個人情報ではないという人がいますが、スイカＩＤには残っている。これを変換して別番号にします。この番号からスイカＩＤは類推されないように手当てしたので、ＪＲ東日本はこれをもって匿名化した、生年月日も外しているし、これだったら本人とは分からないだろうと判断した。もはや個人情報ではないので、本人の同意もいらなければ手続きもいらない単なるデータだとして日立製作所に流した。

　これに対してわれわれは、依然個人情報であり、最低限の手続きもせずに日立に提供したのは違法だと主張した。オール産業界が反発しました。実はこれ、結論から言うと、ＥＵでも米国でも個人データです。日本だけが特殊なデータに陥りそうだった。われわれは産業界に対して「国内だけでビジネスをする気ですか」と尋ねたい。「スイカのケースを日本のルールにすると、個人データの越境ができなくなる」とも主張した。ところが産業界は３年前ですか、「いやいや規制緩和の時代に、規制が非常に高い水準の同意原則の下では、ビッグデータを利活用したビジネスはできない」と反論しました。ＥＵや米国と全く逆行するルールを作る方向に行った。世界と逆方向に走って「ガラパゴス化」するのは必至だったのに、あえてガラパゴス化に向かった。３年たってようやく、このままではまずいという事例が表面化した。ある製薬会社がＥＵにビジネス展開しようとしたら、

国内ルールとEUの規制との不整合を指摘され、日本での製薬事業を諦めてEUへの工場進出を計っている。3年たって、ようやく問題があることに気付いたわけです。

今回の法改正では、どうやって匿名化したらいいのか、本人の同意なく大量のデータを相手方に引き渡すルールをどう構成したらいいのか、ということが問題になりました。スイカIDの事案に戻ると、データベースから氏名を消して別のIDに換え、これで復元できない処理をしたと判断した。しかし実は、駅名とゲート番号、時分秒と出札番号といった長い履歴データは一人一人特殊な特有のデータだったのです。ということは「識別子」に依存せずとも、情報履歴をコンピューターは照合できるんです。長い識別子に相当するような履歴データと同一なものを照合できる。すると、あっという間に個人名が特定され、なにがしさんの履歴データだと分かってしまう。ですからこれは、依然として個人データであるわけです。単なる仮名データにすぎない。非常に雑ぱくに言うと、「松田聖子」のデータを「蒲池法子」に変えただけのデータです。世界レベルでは個人データのままです。

日本の産業界は、こういうことに気付かずビッグデータビジネスに参入しようというくらい低いレベルだった。これでは産業新興もデータ保護もできない。こんなデータだったら、コンピューター処理の専門家に渡せば、8割とか6割とかの形で個人データを識別できてしまうくらい「ダメダメなデータ」でした。この事件をきっかけに匿名化とは何なのかを現在も専門家が一生懸命議論して、まだ結論に達しない途上にあるということです。

さてこの間、マスメディアはどう対処したのでしょうか。「レピュテーションリスク」（編注：風評リスク）の話にすり替えてしまいました。われわれは違法か適法かの話をしているのに、マスメディアは専門知識が不十分なばかりに、本来は産業界に投げ掛けるべき適法違法の問題に切り込めなかった。「説明不足」というJR東日本の答えをそのまま垂れ流し、それに抵抗するものを虐げたと思います。その結果、EUとの「周回遅れ」がさらに広がってしまった。マスメディアの「社会の木鐸（ぼくたく）」としての論点形成機能が、記者の専門性が不十分で全く機能しなかった例だと言わざるを得ない。

僕がマスメディアにスイカ問題の報道はおかしいと提言した時に、メディアは

スイカの問題なのに「ＪＲ東日本」ではなく「鉄道会社」とぼかせとまで言われました。何でぼかさなければならなかったのか。それだけメディアの腰が引けていたということではないのか。ＮＨＫだけは「ＪＲ東日本」と実名報道した。広告メディアの限界が分かったように思いました。ＮＨＫが先陣を切ったので、その後は新聞社なども平気でＪＲ東日本と書くようになった。ただの萎縮で、極めて体たらくでした。

ＪＲ東日本はスイカ事件について、適法か違法か調査するよう弁護士による第三者機関に頼みましたが、その最終報告のプレスリリースをしなかった。ひそかにホームページに載せただけ。前代未聞でしょう。しかも最終報告書を読むと、スイカ事件に触れていない。これが公共性を持つ大企業のＪＲ東日本のやることですか。メディアはなぜ問題だとして取り上げないのですか。今でも課題ですよ。ＪＲ東日本は説明責任を果たしてない。結論を出さなかった弁護士も、専門家としての矜持(きょうじ)もなければ責任も果たしていないと言わざるを得ない。

トランプ現象ではないが、一般市民がマスメディアを含めて、専門家に対し不信感を抱くのは当然だろうと私は思います。これがＪＲ東日本のスイカ問題だけに限らないところが今日の問題だと思います。

3.プライバシー保護とメディアの在り方

松本　鈴木さん、問題提起ありがとうございました。最後に三つ目の「プライバシー保護とメディアの在り方」について、パネリストの皆さんと議論していきたいと思います。最初に神田さんにお聞きしたいのですが、欧州連合（ＥＵ）司法裁判所は2014年5月、グーグルに対して検索結果の削除を命じ、「忘れられる権利」を認めたとして注目されたという話でしたか、個人情報やプライバシー保護の観点から、忘れられる権利に絡む書き込みは、やはり削除されるべきでしょうか。

人生を台無しにさせないため「忘れられる権利」は必要

神田　私はそういう活動をしているので、忘れられる権利ないしプライバシー侵

子どもの貧困やヘイトスピーチ、ネットの「炎上」を扱った教科書（共同）

害差し止め請求権でもいいのですが、ネット上の個人に関するプライバシー情報は削除されるべきだと考えています。なぜかというと、ネット時代特有のもので、昭和の時代にはこういう問題はなかったわけです。人生は一度きりしかない。人生に一度の犯罪を起こしてしまい、それがネットに書き込まれたことによって新しい生活ができないということになると、自暴自棄にもなりかねない。世の中のためにも良くないと思います。

　もちろん犯罪報道だけでなく、いろいろなものを消したい人はいるのですが、皆さん一様に「今の生活が脅かされている」と言う。その人の人生をネットによって台無しにさせないためにも、忘れられる権利のようなものは必要だと思います。

松本　ありがとうございます。山口さんに聞きたいのですが、ネットへの書き込みにあまり規制を掛けると、社会が萎縮するという話がありました。では、規制は避けるべきなのでしょうか。グーグルやヤフーの本国である米国では、原則的に書き込み排除に応じる法的義務はありません。日本はどうあるべきだと思いますか。

山口　難しい問題ですが、個人的には慎重に検討すべきだと思います。理由は幾つかあります。一つは、特定の人物の意思に反して削除するという行為は歴史の改ざんといいますか、「知る権利」を侵害する可能性があるという点。また実際、ほとんどの申請が先ほどから挙げているように犯罪歴の抹消、あるいは医療ミスとか高スキルの職業上のミスを消すことに使われているのが現状です。これには、われわれとしては非常に知りたい情報も含まれている。私は「炎上」とかの研究

をしていますので、消した方がいいなと思う情報はたくさんあるのですが、ひとまとめにやってしまうと、すごく申請が多くなるというのが現状です。そこを少なくとも検討する必要があるのかなと思っています。

　また今、グーグルとかツイッターというのは、非常に巨大なものになってきていまして、ある意味、大量に削除申請が出てくると全部に対応するのは難しい状況です。一方で小さい企業——もちろん申請件数は少ないでしょうが——にまで義務にすると企業の独占とかが進むという懸念も出てきて、市場競争を阻害するという可能性もあると思っています。ただ他方で、青少年保護という観点では積極的に削除を推進していく必要があると考えています。

松本　ありがとうございました。政府は改正個人情報保護法が施行される見通しの17年春から夏に向け、個人情報を慎重に扱うための詳しいルールを定めようとしています。プライバシーという言葉が一人歩きして、捜査機関などが個人情報を出し渋っているという批判がマスメディア側から出てきていますが、ルールの定め方によっては、災害時の安全性とか国民の知る権利にも影響を及ぼす懸念があると思います。その辺り鈴木さん、いかがお考えでしょうか。

重要なのは取材の自由

鈴木　自治体や警察も、最近は少し利口になっているようですが、理由付けが間違っています。「個人情報保護法に基づいて出せない」というのは全く根拠にならない。なぜならば、マスメディア側は「表現の自由」という憲法上の人権をベースに主張していますから、たかだか行政機関の法律ごときは、はかりにすら乗らない。人権の方が当然、優先するわけで同じはかりには絶対乗らない。「憲法13条ベースのプライバシーの権利のためだ」との理由付けならば、初めて人権と人権ですから、はかりに乗る。個人情報保護法を盾に情報を出し渋ることは、理由付けとしては不相当だということになります。

　3・11以降、熊本地震や河川の氾濫など、日本では毎年のように広域災害が起きています。そのたびに自治体は右往左往し、「安否不明者がいる」「行方不明者がいる」「死者がいる」というように刻々と状況が変わる中、正しい情報をあ

地震で倒壊した熊本県益城町の家屋＝2016年4月16日（共同）

まり捕捉できていない。その時に重要なのは実名報道ではないのです。取材の自由です。自治体がどのように安否情報などを捕捉しているか、記者は必ず裏取りしなければいけない。相手が断ったとしても、何とかして情報を取ってくるのが仕事でしょう。それを実名で報道するかどうかは、新聞社のルールの中で記者本人がリスクを取って決めることになる。これを自治体の責任にしては駄目だと思います。メディアはファクトをつかむことが仕事ですから、ぎりぎり迫って取ってくるべきだという話になります。それを「個人情報を盾に断られました」とすごすご帰ってくるようでは、もうメディアではない。

　自治体は、実はクレーマー対応で萎縮しているのです。安否不明の段階では、海外旅行に行っているかもしれない。不確定な段階で家族の名前をマスメディアに言うわけですから、場合によっては「なんで漏らしたのか」とクレームが来る可能性がある。そういう場合でも自治体は「広域災害なのだからしょうがない」と言えばいいんです。マスメディアは訴訟で戦えばいいんです。そういう過程でルールが形成されていきます。そこはメディアもしっかりやらなくてはいけない。

　こういうことに関してメディアが国民の支持を得られないのは、「メディアスクラム」なんかやって信頼が低下しているからです。この問題と混同してはならない。メディアはファクトを取る。その後で災害対策や自治体の不手際を明るみに出すことです。人名の確認を取らずに大本営発表の25人だ300人だという数字を黙って書くのですか。実名で確認すべきだと言いたい。報道するかどうかは、その後の各社の判断です。メディアの踏み込みが浅い。

　3・11を経験していながら、自治体側が公開か非公開かのルールを作っていないのもおかしい。出さない理由も転々と変わります。どういうときにメディア

に出すか出さないかは、自治体が本当に住民の秘密を守らねばならないなら、「どういう範囲でどこまで出して」「どこからは出さない」かのルール作りを先行してやるべきです。自治体や警察などとも戦ってルール形成するのが、マスメディアの責任だろうと思います。

松本 これについて杉田さんいかがでしょうか。コメントをいただければと思います。

メディアも参加しルール作りを

杉田 先ほど私が示したパンフレット（「実名報道」）などを若い記者に持たせて、一回一回の取材できちんと相手に説明する。新人教育の段階では、そこまで意識が到達していない記者もいますので、「3年生教育」とか、デスクは当然ですけども、そういう教育も訓練を含めてやっていく必要があると思います。

鈴木先生がおっしゃる通りなのですが、相手も巧妙です。ご存じかもしれませんが、自衛隊がいろいろ事故を起こしても名前は出ません。ヘリコプターが落ちても操縦していた隊員の名前は出ない。まさに公人が公務で死んだというのにひどい話です。

きちんと理論的に、対立も含めて当局と対峙していく関係をつくっていかなければならないと思います。弱いところから何となく、なし崩し的な感じで実名は出さないということを既成事実化していくという狙いが感じられる。もちろん、そういうことを乗り越えて、メディアが参加する形でガイドラインなりルールを作っていくべきだというのは、これは間

マスコミ倫理懇談会全国協議会の全国大会で開かれた、実名報道を考える分科会＝2016年9月29日、福岡市（共同）

松本 ありがとうございました。2時間近くにわたって議論してきましたが、そろそろ終了の時間が迫ってきました。「プライバシー保護とメディアの在り方」について、最後にお一人ずつコメントをいただきたいと思います。それでは鈴木さんから、本日のパネルディスカッションに参加されての感想も含めて、お願いします。

個々の記者をどう守るのか

鈴木 メディアにはエールを送りたいわけですが、もう少し会社が記者を守ってあげるべきだと思います。古くは毎日新聞の西山記者事件などもありましたが、刑法に抵触しても訴訟で争うんだくらいの元気な記者を、もっと育てていただきたい。スター記者もつくって、ネットメディアに負けないように頑張ってもらいたい。首相官邸に毎日座って、あるいは警察署の記者クラブに座って、日々情報を受け取っているのがマスメディアの記者の姿というのでは情けない。地道に情報を取って歩く記者や当局とぎりぎりまでやり合う記者を会社が守らないと、フリーライターと区別が付かなくなってしまう。一般企業の会社員と区別が付かなくなってしまう。当局が隠す情報を発掘することが国民のためになるのなら、たとえ違法になっても、しっかり社内では守るという仕組みを作ることで、報道の自由をきっちり確保してもらいたいと思います。

　山本一郎さんとか津田さんとか、ネットでたたかれながらも頑張っている。ブロガーと対比しても、マスメディアの記者はサラリーマン化しているのではないか。米国でのトランプ現象みたいなことが今後、日本でも起こった場合、どれだけ体を張れる記者がいるかによって、情報流通に寄与するか寄与しないかが決まると思います。その意味で日々、個々の記者をどう守るのかという会社の体制について再考いただければと思いました。

松本 ありがとうございました。続きまして神田さんお願いします。

実名報道すべきものの判断が重要

神田 私は忘れられる権利の推進論者みたいに言われますが、実名報道が悪いというふうには思っていない。実名報道は犯罪抑止力になると思っていますので、実名報道が全く悪いというふうには考えていない。ただ、既存のマスメディアが出した情報がネットメディアに残ってしまう。それが何年かたって削除請求の対象になるということを考えると、結論としては抑止力のための実名報道は必要だと思っています。けれども、出すものと出さないものとをきちんと判断し、後々削除請求の対象になるもの——3年くらいたって公共性なしと裁判所に判断されるようなもの——については、最初の段階から出さないでおいてほしいと思っています。

松本 ありがとうございました。それでは山口さんお願いします。

問われるマスメディアの姿勢

山口 ネット社会で情報が非常にあふれていますが、こういう時代だからこそ、マスメディアの姿勢が問われているのではないかと思います。最近はマスメディアがネットの情報を使って報道した結果、デマだったみたいなことがちらほら起こるようになってきています。

　私が見ていると、ネットはものすごく情報がスピーディーで、マスメディアはそこに焦りを感じているのかもしれない。とにかく速くしなければというのがあって、結果的にネットのデマにだまされるということがあります。ネットに速さで勝つのは無理なので、そこは違いを出して質で勝負するというのが非常に重要だと思います。ある程度時間がたってもいいので、ネットに安易に飛び付くのではなく、自分たちで検証するとか、そういうことをあらためて考える必要があるのではないでしょうか。

　鈴木先生がJR東日本のスイカ問題の話をされていましたが、そういった非常に重要な議論のポイントがあったのにやらなかったみたいなことでは駄目です。炎上もそうですが、マスメディアは議論のポイントは何かということを明確にし

て、冷静な議論を呼び掛ける役割を担っていくべきだと思います。

松本 ありがとうございました。続きましては杉田さんお願いします。

マスメディアの役割は何なのか

杉田 マスメディアの役割は何なのかというのが、最終的な問い掛けになるのかなと思います。ネットメディアとの差異化の部分では、新聞などはスペースが限られていて量が少ないわけです。そこで勝負するためには、やはり質のいいニュースを出していく。本当に議論になっていくようなものを出していくことが大切です。それを選ぶのがわれわれの仕事だと思います。その時、われわれに専門性とか、知識とか、問題意識とか、そういうものがない限り今の時代に勝ち残っていけない、そういう意識を今日の議論で強めました。

松本 ありがとうございます。せっかく津田さんが残ってくださっているので、最後に今回のパネルディスカッションをお聞きになっての感想も含めて、一言お願いできますでしょうか。

大転換期を迎えたマスメディア

津田 それぞれの立場での最新情報とか問題意識とか、論点整理が行われたと思います。僕も論点整理したつもりですが、これから話し合わないといけないことがたくさんあるとあらためて感じました。時宜にかなったシンポジウムだと思いますし、「プライバシーの保護」と言いながらメディアがやらないといけない課題がたくさんあって、それがメディアのビジネスモデルとも今後、関わってくるという非常に重たい論議だったと思います。

　今週発売された「週刊東洋経済」（2016年11月19日号）の「そのメディアにおカネを払いますか？」という特集は業界を激震させる衝撃的な内容ですが、かなり面白い。何で人は無料のものにしか飛び付かないのか。そんな中、お金をうまく取っているメディアというのはどういうものなのか。ビジネスモデルがど

んどん変化する中で、既存のメディアの経営も相当厳しいはずです。そういう厳しい状況の中で、プライバシーをどう扱っていくかが結構、コストになっている面があると思います。

津田大介氏

マスメディアにとって、このプライバシーの保護問題には二つの側面があると考えています。一つは加害者としてです。マスメディアが全ての原因とは言いませんが、ネットのテクノロジーと組み合わされることによって加害者になってしまう。それが忘れられる権利の背景にあります。

　一方、どこまでプライバシーを保護するのかということは、ジャーナリズムとかマスメディアの「報道の自由」「表現の自由」が不当に制限されてしまうことにつながる可能性がある。その面では被害者でもある。マスメディアにとってこの両面は、今後の在り方を考える上で非常に重要な論点です。「加害」の部分をいかに抑えて「被害」を最小限にするのか。自らのビジネスモデルの在り方も含めて考え直す大転換期に来ていると思いました。

松本　参加くださいました皆さん、最後までありがとうございました。津田さんがおっしゃったように、まさに今は転換期だと思います。プライバシー保護、個人情報については、知らなかった話がたくさんあったのではないかと思います。私たちの知らないところで情報が出て行ってしまう。それは非常に怖いことですから、どこかで一定の条件の下で制限できる仕組みを作ってほしいと思います。その中で、ネットメディアと既存のマスメディアが果たす役割は大きいと思います。本日はメディアの方も多数参加されています。「戦うメディア」の側面も大事だと思いますので、ぜひ頑張っていただきたいと思います。本日は皆さまご参加くださいましてありがとうございました。これにて終了させていただきます。

資料編

改正個人情報保護法

鈴木正朝

新潟大学法学部教授、一般財団法人情報法制研究所 理事長

改正個人情報保護法
Ver. 3.5

新潟大学法学部　教授　鈴木 正朝

0. 個人情報保護法改正の背景

国際動向	背景：インターネット / クラウド / ビッグデータ/ IoT
① OECD：	1980年OECDプライバシーガイドライン→2013年改正
② APEC：	CBPR（APEC越境プライバシールール）制度創設
③ EU：	個人データ保護指令→一般データ保護規則、プライバシーシールド
④ 米国：	消費者プライバシー権法案，個別法、FTC法、州法＋重厚な司法救済
⑤ 国際規格：	ISO

国内動向	背景：少子高齢人口減少社会/社会保障と税の一体改革
① 一般法：	平27年改正個人情報保護法成立（個人情報保護委員会創設）
② 特別法：	番号法成立、政府CIO創設、医療等ID検討中
＊公的部門の個人情報保護法改正案検討中、医療等情報利活用法案検討中	
③ 告示：	個人情報保護ガイドライン乱立→ 統一（個人情報保護委員会）
④ 国内規格：	JIS Q 15001（法令との不整合）→改正か
⑤ 民間認証制度：	プライバシーマーク制度 （APEC対応）

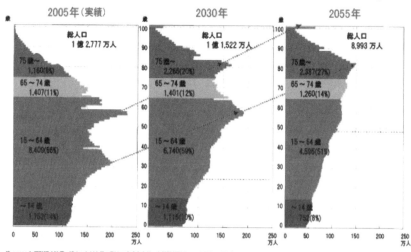

高齢者人口の推移
－ 平成18年度中位推計 －
東大政策ビジョン研究センター「安心して暮らせる活力ある長寿社会の実現を目指して」

注：2005年国勢調査結果。総人口には年齢不詳人口を含むため、年齢階級別人口の合計と一致しない。

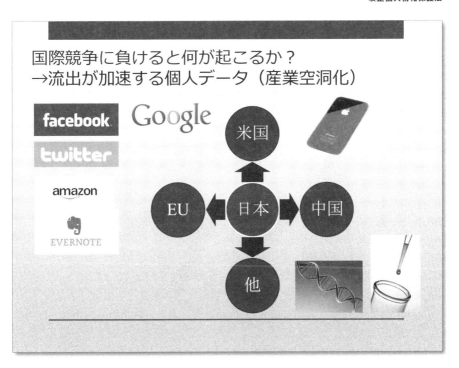

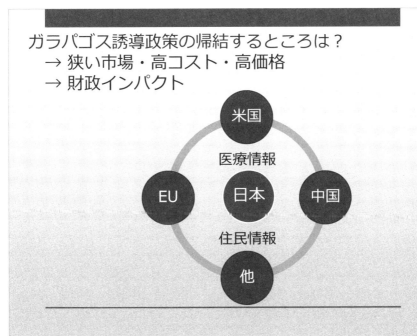

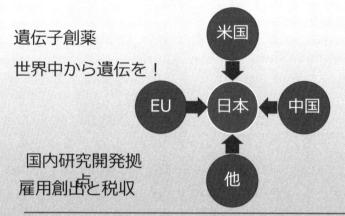

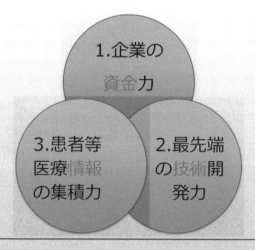

「個人情報」と「プライバシー権に係る情報」の関係

公開・非公開の別、センシティブ性・プライバシー性の有無、情報の価値の程度を問わない。

特定個人を識別できない情報であってもプライバシーの権利を侵害し得ることに留意すべき。

個人情報
・特定個人の識別情報（番号等識別子単体の情報も該当する）

個人情報の多くはプライバシー性を有する。
↓
個人情報保護法に限らず民法（契約・不法行為）等関係法令を確認し遵守する必要あり。

プライバシーの権利に属する情報
下級審判例：①私生活上の事実情報、②非公知情報、③一般人なら公開を望まない情報
→最高裁判例：個人に関する情報をみだりに第三者に開示又は公表されない自由

行政規制（行政庁） | 民事規整（裁判所）

個人情報保護法制の全体構造

「個人情報の保護に関する法律」

「基本法」部分

- 第1章　総則（目的・基本理念）
- 第2章　国及び地方公共団体の責務等
- 第3章　個人情報の保護に関する施策等　　*第5章　雑則（権限又は事務の委任、政令への委任など）

⇩

民間部門の「一般法」部分

- 第4章　個人情報取扱事業者の義務等
- 第5章　個人情報保護委員会
- 第6章　雑則（適用除外等）
- 第7章　罰則

「行政機関の保有する個人情報の保護に関する法律」

「独立行政法人等の保有する個人情報の保護に関する法律」

「個人情報保護条例」
＊市区町村の「個人情報保護条例」
＊都道府県の「個人情報保護条例」等

⇩

個人情報取扱事業者等（民間企業等）
民間部門

行政機関　独立行政法人等　地方公共団体
公的部門

個人情報保護法・条例数 2000問題

医療分野における個人情報保護法(条例)の適用例

個人情報の取扱い主体	適用法	監督官庁
厚生労働省	行政機関個人情報保護法	総務省
国立がん研究センター	独立行政法人等個人情報保護法	総務省
岩手県立○○病院	岩手県個人情報保護条例	岩手県
宮城県立△△病院	宮城県個人情報保護条例	宮城県
陸前高田市立□□病院	陸前高田市個人情報保護条例	陸前高田市
大船渡市立△△病院	大船渡市個人情報保護条例	大船渡市
医療福祉法人済生会	個人情報保護法	厚生労働省
鈴木内科医院	個人情報保護法	厚生労働省

個人情報保護法の改正ポイント

1	定義の明確化	1.1 個人情報の定義の明確化(身体的特徴等が該当) 1.2 要配慮個人情報(いわゆる機微情報)に関する規定の整備 1.3 取り扱う個人情報が5,000人以下の小規模取扱事業者への対応 1.4 個人情報データベース等から権利利益侵害の少ないものを除外
2	適切な規律の下で個人情報等の有用性を確保	2.1 匿名加工情報に関する加工方法や取扱い等の規定の整備 2.2 個人情報保護指針の作成や届出、公表等の規定の整備 2.3 利用目的の変更を可能とする規定の整備
3	個人情報流通の適正を確保(名簿屋規制等)	3.1 トレーサビリティの確保(第三者提供に係る確認及び記録の作成義務) 3.2 不正な利益を図る目的による個人情報データベース等提供罪の新設 3.3 本人同意を得ない第三者提供(オプトアウト規定)の届出、公表等厳格化
4	個人情報の取扱いのグローバル化	4.1 国境を越えた適用と外国執行当局への情報提供に関する規定の整備 4.2 外国にある第三者への個人データの提供に関する規定の整備
5	請求権	5.1 開示、訂正及び利用停止等請求権があることを明確化するための規定の整備
6	個人情報保護委員会の新設及びその権限	6.1 個人情報保護委員会を新設し、現行の主務大臣の権限を一元化

日置 巴美 内閣官房IT総合戦略室 パーソナルデータ関連制度担当室 参事官補佐 資料15/59
(第26回日弁連夏期消費者セミナー 消費者の個人情報保護を考える~どうなる、、情報化社会の未来~)

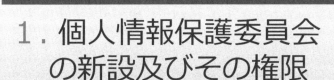

1. 個人情報保護委員会の新設及びその権限

個人情報保護委員会を新設し、現行の主務大臣の権限を一元化

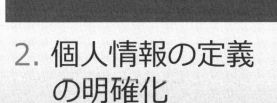

2. 個人情報の定義の明確化

2.1 「個人情報」の定義の明確化
　　（身体的特徴等が該当）

【平成15年法】第2条1項

　この法律において「個人情報」とは、生存する個人に関する情報であって、当該情報に含まれる氏名、生年月日その他の記述等により特定の個人を識別することができるもの（他の情報と容易に照合することができ、それにより特定の個人を識別することができることとなるものを含む。）をいう。

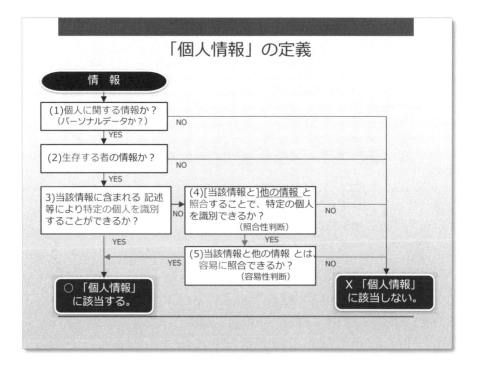

平成27年改正法第2条1項

　この法律において「個人情報」とは、生存する<u>個人に関する情報</u>であって、次の各号のいずれかに該当するものをいう。
一　当該情報に含まれる氏名、生年月日その他の記述等（文書、図面若しくは電磁的記録（電磁的方式（電子的方式，磁気的方式その他人の知覚によっては認識することができない方式をいう。次項第2号において同じ。）で作られる記録をいう。第18条第2項において同じ。）に記載され，若しくは記録され，又は音声，動作その他の方法を用いて表された一切の事項（個人識別符号を除く。）をいう。以下同じ。）により<u>特定の個人を識別</u>することができるもの（他の情報と<u>容易に照合</u>することができ、それにより特定の個人を識別することができることとなるものを含む。）
二　<u>個人識別符号</u>が含まれるもの

立法のための概念整理：「特定」と「識別」

	用語	用語の説明
1	識別特定情報 （例:記名式Suica）	個人が（識別されかつ）特定される状態の情報 （それが誰か一人の情報であることがわかり、さらに、その一人が誰であるかがわかる情報）
2	識別非特定情報 （例:無記名式Suica）	一人ひとりは識別されるが、個人が特定されない状態の情報 （それが誰か一人の情報であることがわかるが、その一人が誰であるかまではわからない情報）
3	非識別非特定情報	一人ひとりが識別されない（かつ個人が特定されない）状態の情報 （それが誰の情報であるかがわからず、さらに、それが誰か一人の情報であることが分からない情報）

第5回パーソナルデータに関する検討会資料「技術検討ワーキンググループ報告書」（2013/12/10）技術検討ワーキンググループ、1頁参照。ただし、例は著者追加。

	識別性	技術WG分類	対象情報の区分等	
1 個人に関する情報	(1) 特定個人が識別されるもの	識別特定情報	① 当該情報に含まれる記述等により特定個人が識別されるもの（2条1項1号）	個人情報
			② 他の情報と容易に照合することができ、それにより特定の個人を識別することができることとなるもの（2条1項1号）	
			③ 「個人識別符号」が含まれるもの（2条1項2号）	
	↑↓	識別非特定情報	④ 上記③以外の"個人識別子"、いわゆる"仮名データ"	↑↓ 匿名加工情報
	(2) 特定個人が識別されないもの	非識別非特定情報	⑤ 上記①～④以外の「個人に関する情報」	
2 上記1以外の情報 例）個人情報を基にした統計情報、法人等団体に関する情報、センシングログなど				非「個人情報」

	処理情報	散在情報
デジタル情報	コンピュータ処理情報	デジタル散在情報
アナログ情報	マニュアル処理情報	アナログ散在情報

PII, Personally Identifiable Information

米国の議論（ソローブ教授他）

① PII不要説
② PII再構成説

－「特定個人識別しなければ本人被害（プライバシーインパクト）はない。」という命題は真なのか？

個人情報該当性判断

① 「特定の個人を識別する」とは何か？
・JR西日本大阪駅顔認証システムによる人流統計生成事件

② 「他の情報と容易に照合できる」とは何か？
・JR東日本記名式Suica履歴データ無断提供事件

「特定個人の識別」性判断

判断の要素		
法規制の客体	当該「個人情報取扱事業者」	←義務を課されている事業者ごとに判断する。
対象情報	取り扱っている当該情報	←組織として取り扱うことのできない情報（記憶等脳内情報）は含まない。
判断基準	当該情報（一般にその情報を判読可能なように分析等する場合はその結果）と具体的な人物との間に、一般人の判断力や理解力を基準として、社会通念上、同一性を認めることができるもの。 または、「個人識別符号」が含まれているもの。	←氏名不詳、住所不定でも構わない。 ←情報の分析は専門家で構わない。その結果の判断において一般人基準を求める。

「照合」性判断

判断の要素		
法規制の客体	当該「個人情報取扱事業者」（提供元事業者）	←容易に照合できるかどうかは、義務を課されている事業者において判断する。 ＊提供先は個人の場合あり
判断の対象情報	当該情報（提供データ）と当該個人情報取扱事業者（提供元事業者）の取り扱っている「他の情報」（元データ）	←照合の対象となる情報の状態、両集合間の関係性。 ＊判断の対象情報を、当該事業者が取り扱っている範囲に限定する。＝「他の情報」の範囲
判断基準（提供元基準）	提供元において、当該情報（提供データ）と「他の情報」（元データ）の間に1対1の対応関係（単射性）があるかどうか。	←集合論的な観点からの評価を前提に法的判断をする。（疑似IDの有無など）

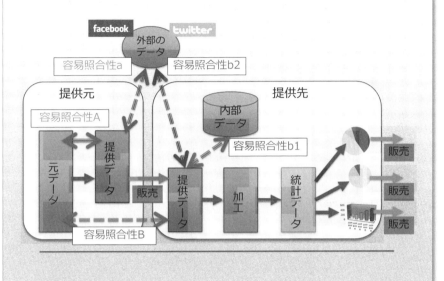

平成27年改正法第2条2項
　この法律において「個人識別符号」とは、次の各号のいずれかに該当する文字、番号、記号その他の符号のうち、政令で定めるものをいう。
一　特定の個人の身体の一部の特徴を電子計算機の用に供するために変換した文字、番号、記号その他の符号であって、当該特定の個人を識別することができるもの
二　個人に提供される役務の利用若しくは個人に販売される商品の購入に関し割り当てられ、又は個人に発行されるカードその他の書類に記載され、若しくは電磁的方式により記録された文字、番号、記号その他の符号であって、その利用者若しくは購入者又は発行を受ける者ごとに異なるものとなるように割り当てられ、又は記載され、若しくは記録されることにより、特定の利用者若しくは購入者又は発行を受ける者を識別することができるもの

第3部　資料編

「番号」の意義　＝識別子→番号と本人の関係性
・番号から本人に到達できるか？　または、
・番号と個人の対応関係が１対１(単射)であるか？
「番号」の性質
A ┌ 1．番号の悉皆性
　│　　＊番号の発行数（対象者数）[母集団の大きさ]
　└ 2．番号の唯一無二性
B ┌ 3．番号の利用期間の長期性
　│　　　→属性情報の量と相関する
　│　　＊番号の不変性（変更の任意性の有無）
　│ 4．番号の利用範囲の広範性
　│　　[多数の事業者を横断しての利用か？]
　└　　　→属性情報の種類と相関する

個人識別符号

マイナンバー（12桁の数字）　　遺伝情報

取得事業者における本人到達性

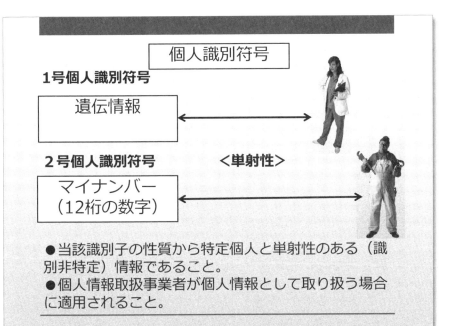

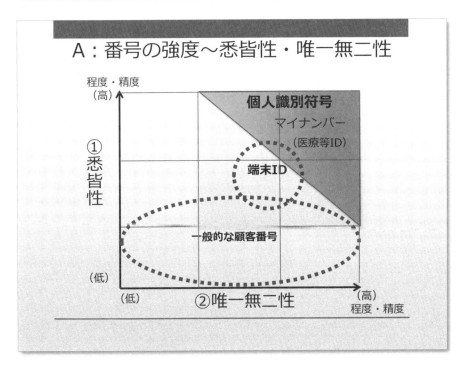

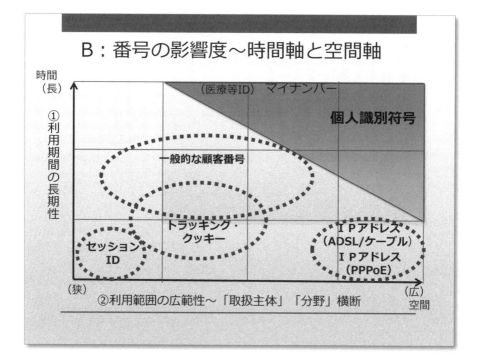

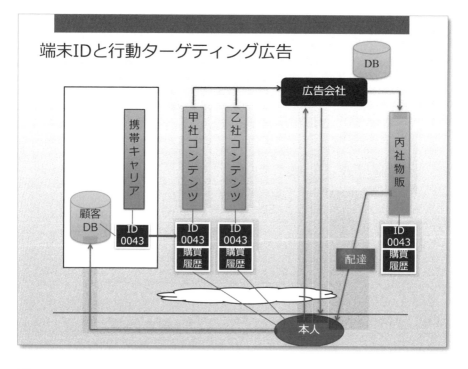

「個人情報」該当性の判断基準（PD検討会）

- **「個人情報」の定義**について（現行法における解釈）
  （判断主体）
  　第一次的には、情報を取り扱う事業者が、最終的には司法判断による。
  （判断基準）
  　個人情報の「識別性」は一般人を基準に、
  　容易照合性は当該情報を取り扱う事業者を基準に判断される。
  （理由）識別性が一般人の判断能力を基準とするのは、個人情報概念の相対性を認めないため。容易照合性については、事業者ごとに保有する情報や管理状況が異なり得るため。
- **第三者提供時の容易照合性判断基準**
  　提供元（情報を取り扱う事業者）を基準に判断する。
  （理由）提供先において特定個人を識別できるか否かは、本人同意を得る等義務を負う提供元においては判断ができない。

第8回パーソナルデータに関する検討会資料「『個人情報』等の定義と『個人情報取扱事業者』等の義務について（事務局案）＜詳細編＞」（2014-4-16）スライド2参照。
https://www.kantei.go.jp/jp/singi/it2/pd/dai8/siryou1_2.pdf

「個人情報」該当性の判断基準（国会）

- **「特定の個人を識別することができるもの」**（山口大臣答弁）
  　社会通念上、一般人の判断力や理解力をもって、情報の分析等によって生存する具体的な人物と情報との間に同一性を認めるに至ることができるものというこれまでの解釈と同様であります。
- **「容易照合性」**（服部政府参考人）
  　当該情報を保有する事業者において、他の情報との照合により特定の個人を識別することが可能か否かにより判断するもの。
  　例えば、それ自体は個人識別性がない情報につきまして、特別の調査を行ったり、特別の費用や手間をかけることなく、個人を識別する他の情報との照合が可能な場合には、容易照合性がある。
  　具体的には、個人情報取扱事業者が、氏名、生年月日、住所、電話番号が記載された顧客リストを保有しており、これとは別に商品購入履歴のリストがある場合におきまして、それぞれのリストに共通の整理番号が付され、それをもとにある商品購入履歴が特定の顧客にひもづく場合には、容易照合性があるものとして商品購入履歴も個人情報に該当する。

「個人情報」該当性の判断基準（国会）

● **「個人情報」の範囲**（山口大臣答弁）
　グレーゾーンというものがあって、利活用が…萎縮をしておる…そのために今回の改正がある…現行法の個人情報の定義に含まれる…特に身体の一部の特徴をデータ化したもの等について政令で明確化をする…、決してこれは拡充ということではございません。

● **「個人識別符号」**
　今までの概念を拡大する、個人情報の定義を拡大するものではなくて、それを細分化してみた。（平副大臣答弁・濱村委員確認）
　単に機器に付番されます携帯電話の通信端末IDは、個人識別符号には該当しない。一方、マイナンバー、運転免許証番号、旅券番号、基礎年金番号、保険証番号、これらは個人識別符号に該当する。
　また、携帯電話番号、クレジットカード番号、メールアドレス及びサービス提供のための会員IDについては、さまざまな契約形態や運用実態があることから、現時点におきましては、一概に個人識別符号に該当するとは言えない。（向井政府参考人）

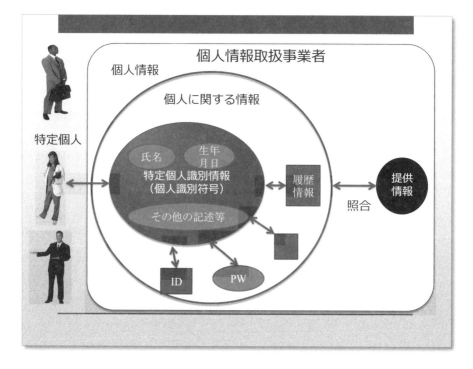

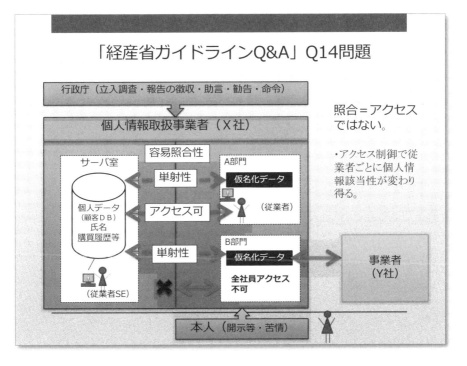

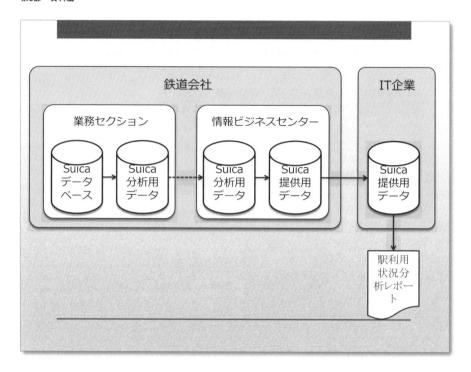

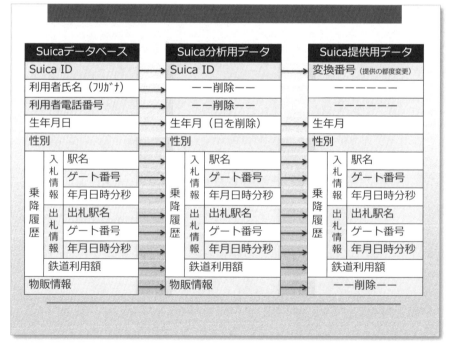

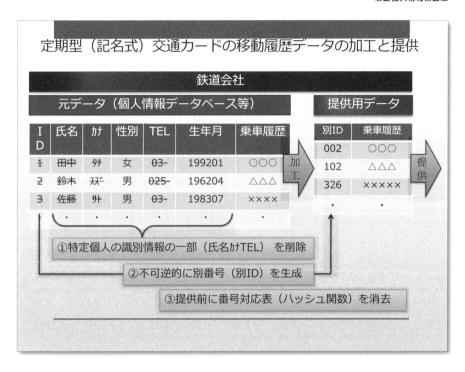

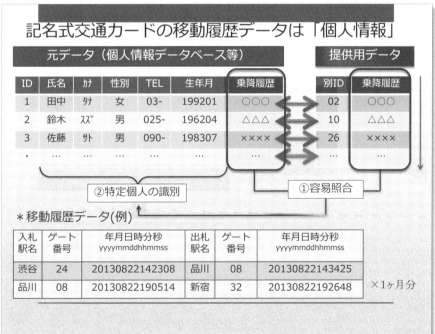

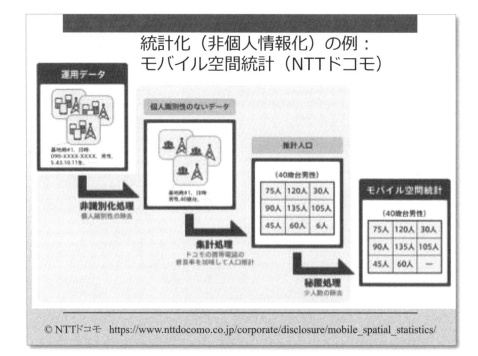

© NTTドコモ　https://www.nttdocomo.co.jp/corporate/disclosure/mobile_spatial_statistics/

非識別化処理
　モバイル空間統計では、携帯電話サービスを提供する上で必要となるデータのうち電話番号の様な個人を識別できる情報を使用しません。また、生年月日を年齢層に変換するなど、情報の要約を行います。この処理を「非識別化処理」と呼びます。
集計処理
　性別・年代別などの属性別に携帯電話の台数を数え、さらに、ドコモの携帯電話の普及率を加味することで、ドコモのお客様以外の方々も含む人口を推計します。この処理を「集計処理」と呼びます。
秘匿処理
　少人数エリアの数値を除去します。この処理を「秘匿処理」と呼びます。統計的に少数であることで個人を推測されやすくなる場合があり、これを防ぐために行います。

© NTTドコモ　https://www.nttdocomo.co.jp/corporate/disclosure/mobile_spatial_statistics/

(1) 定義（平成27年改正法2条9号）

　個人情報区分に応じて各号に定める措置を講じて特定の個人を識別することができないように個人情報を加工して得られる個人に関する情報であって、当該個人情報を復元することができないようにしたもの。（匿名加工情報データベース等を構成するもの）
＜個人情報区分＞
① 1号匿名加工情報←1号個人情報（個人識別符号除く）
　記述等の削除措置（当該記述を復元性ある規則性を有しない方法により他の情報に置き換えも含む）
② 2号匿名加工情報←2号個人情報（個人識別符号）
　個人識別符号の削除措置
（当該個人識別符号を復元性ある規則性を有しない方法により他の情報に置き換えも含む）

法案新第2条9項
　この法律において「匿名加工情報」とは、次の各号に掲げる個人情報の区分に応じて当該各号に定める措置を講じて特定の個人を識別することができないように個人情報を加工して得られる個人に関する情報であって、当該個人情報を復元することができないようにしたものをいう。
一　第1項第1号に該当する個人情報　当該個人情報に含まれる記述等の一部を削除すること（当該一部の記述等を復元することのできる規則性を有しない方法により他の記述等に置き換えることを含む。）
二　第1項第2号に該当する個人情報　当該個人情報に含まれる個人識別符号の全部を削除すること（当該個人識別符号を復元することのできる規則性を有しない方法により他の記述等に置き換えることを含む。）

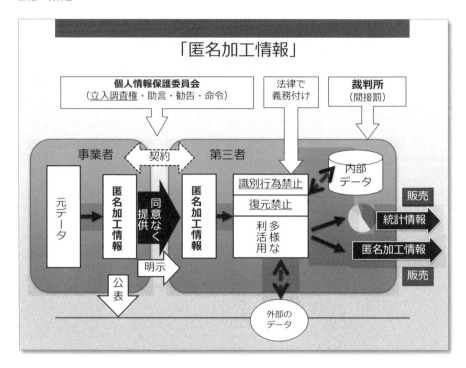

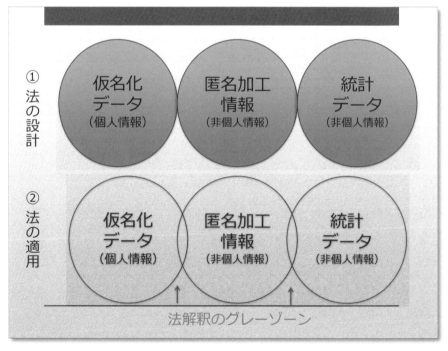

（2）加工情報の作成（法案36条1項）

個人情報保護委員会規則の定める加工基準に従い、

①特定個人の識別不可加工

②作成に用いた個人情報への復元不可加工

＊匿名加工情報データベース等を構成するもの

平成27年改正法36条

1　個人情報取扱事業者は、匿名加工情報（匿名加工情報データベース等を構成するものに限る。以下同じ。）を作成するときは、<u>特定の個人を識別すること及びその作成に用いる個人情報を復元することができないようにするために必要なもの</u>として個人情報保護委員会規則で定める基準に従い、当該個人情報を加工しなければならない。

(3) 法的義務（法案36条）

①削除した記述等及び個人識別符号、加工方法情報の安全管理（2項）　＊規則事項あり

②作成時の情報項目の公表（3項）　＊規則事項あり

③第三者提供時の情報項目、提供方法の公表（4項）　＊規則事項あり

④匿名加工情報であることの第三者への明示（4項）　＊規則事項あり

⑤本人識別のための照合禁止の義務（5項）

平成27年改正法36条
2　個人情報取扱事業者は、匿名加工情報を作成したときは、その作成に用いた個人情報から削除した記述等及び個人識別符号並びに前号の規定により行った加工の方法に関する情報の漏えいを防止するために必要なものとして個人情報保護委員会規則で定める基準に従い、これらの情報の安全管理のための措置を講じなければならない。

3　個人情報取扱事業者は、匿名加工情報を作成したときは、個人情報保護委員会規則で定めるところにより、当該匿名加工情報に含まれる個人に関する情報の項目を公表しなければならない。

平成27年改正法36条

4 個人情報取扱事業者は、匿名加工情報を作成して当該匿名加工情報を第三者に提供するときは、個人情報保護委員会規則で定めるところにより、あらかじめ、第三者に提供される匿名加工情報に含まれる個人に関する<u>情報の項目及びその提供の方法</u>について<u>公表</u>するとともに、当該第三者に対して、当該提供に係る情報が<u>匿名加工情報である旨</u>を明示しなければならない。

5 個人情報取扱事業者は、匿名加工情報を作成して自ら当該匿名加工情報を取り扱うに当たっては、当該匿名加工情報の作成に用いられた個人情報に係る本人を識別するために、当該匿名加工情報を他の情報と照合してはならない。

（4）努力義務（法案36条6項）

①匿名加工情報の安全管理措置

②匿名加工情報の苦情処理

③その他の適正取扱い確保措置

④上記の措置の内容の公表

平成27年改正法36条

6 個人情報取扱事業者は、匿名加工情報を作成したときは、当該匿名加工情報の安全管理のために必要かつ適切な措置、当該匿名加工情報の作成その他の取扱いに関する苦情の処理その他の当該匿名加工情報の適正な取扱いを確保するために必要な措置を自ら講じ、かつ、当該措置の内容を公表するよう努めなければならない。

4. 個人情報の保護を強化（名簿屋規制？）

4.1 トレーサビリティの確保
（第三者提供に係る確認及び記録の作成義務）

平成27年改正法25条
1　個人情報取扱事業者は、個人データを第三者（第2条第5項各号に掲げる者を除く。以下この条及び次条において同じ。）に提供したときは、個人情報保護委員会規則で定めるところにより、当該個人データを提供した年月日、当該第三者の氏名又は名称その他の個人情報保護委員会規則で定める事項に関する記録を作成しなければならない。ただし、当該個人データの提供が第23条第1項各号又は第5項各号のいずれか（前条の規定による個人データの提供にあっては、第23条第1項各号のいずれか）に該当する場合は、この限りでない。
2（保存義務）

＊23条1項各号

平成27年改正法26条（第三者提供を受ける際の確認等）
　個人情報取扱事業者は、第三者から個人データの提供を受けるに際しては、個人情報保護委員会規則で定めるところにより、次に掲げる事項の確認を行わなければならない。ただし、当該個人データの提供が第二十三条第一項各号又は第五項各号のいずれかに該当する場合は、この限りでない。
　　一　当該第三者の氏名又は名称及び住所並びに法人にあっては、その代表者（法人でない団体で代表者又は管理人の定めのあるものにあっては、その代表者又は管理人）の氏名
　　二　当該第三者による当該個人データの取得の経緯
2（虚偽告知禁止）
3（確認記録作成義務）
4（保存義務）

4. 個人情報の保護を強化（名簿屋規制？）

4.2 不正な利益を図る目的による「個人情報データベース等提供罪」の新設

平成27年改正法83条
　個人情報取扱事業者（その者が法人（法人でない団体で代表者又は管理人の定めのあるものを含む。第87条第1項において同じ。）である場合にあっては、その役員、代表者又は管理人）若しくはその従業員又はこれらであった者が、その業務に関して取り扱った個人情報データベース等（その全部又は一部を複製し、又は加工したものを含む。）を自己若しくは第三者の不正な利益を図る目的で提供し、又は盗用したときは、1年以下の懲役又は50万円以下の罰金に処する。

＊行政機関個人情報保護法54条と同じ

5. 越境データ問題

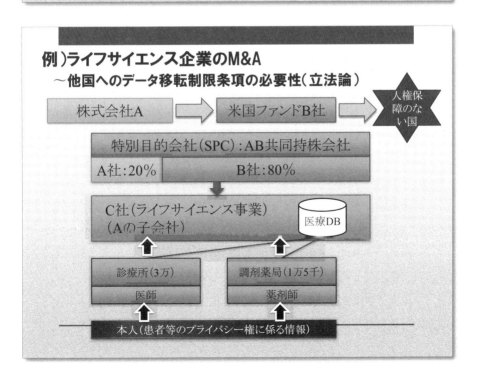

編集後記

メディアへの叱咤(しった)激励

倉沢章夫
新聞通信調査会編集長

　このシンポジウムを通じて個人情報やプライバシー保護に関してさまざまな問題が示され、理解が深まる機会となったことを喜びたい。編集を担当した小職にとっても、「忘れられる権利」をめぐる論争など大変勉強になったし、また個人情報保護法の改正を今春に控えて現在進行形で起きている事柄を知る機会を得、知的興奮すら覚えたものだ。

　また参加者も当初の予想を超える数が集まり、ホッと胸をなでおろしたというのが正直なところだ。

　基調講演をお願いした津田大介氏は、個人情報やプライバシー保護の専門家ではないと断りながら、保護策をどう講じればよいのか、講じることでどのような問題が生じるのかなど論点整理をしていただいた。マスメディアやインターネットメディアと関わりが深い氏だが、「メディアリテラシーをどう身に付けたらよいか」との質問に対し、「紙」、「人」、「体験」、「ネット」の「四つの情報源」を挙げ、それらの活用法を説いてくださったのが印象深い。若い聴衆に参考になったのではなかろうか。

　続くパネルディスカッションは、4人のパネリストがそれぞれの分野に関して真摯(しんし)に熱く語られ、極めて興味深い内容となった。

　鈴木正朝氏は、「マイナンバー制度」の背景や、欧州並みの保護法制の必要性、2000個問題などについて分かりやすくご教示く

ださった。規制緩和の大合唱の中でそうではない場合もあることを教えてくれた。特に終盤、「重要なのは取材の自由」、「メディアはファクトを取る」、「メディアの踏み込みが浅い」など厳しく指摘、メディアにはエールを送りたいと叱咤激励された。大変ありがたい言葉だったと思う。

弁護士の神田知宏氏は、「忘れられる権利」について、近時の裁判例などを挙げてお教えくださった。ネット上の情報は半永久的に消えないので、消してほしい人にとっては「死んでも消えない」。そういう相談例が増えているという事実は知らなかったことだ。

また山口真一氏は、ネット上の炎上の実態を多角的に分析していただいた。書き込む人が実は社会的地位の高い方や年収の高い方というのは予想外のことだった。一方、マスメディアは質で勝負するという助言もありがたい激励だった。

時代は劇的に変化しており、従来の社会学や社会心理学では捉えられない事態が生じているのかもしれない。米国のトランプ大統領誕生の背景にも通ずることがありそうだ。

1人、マスメディアの立場からパネリストに加わった杉田弘毅氏は、旧メディアとして防戦に追われたが、トランプ大統領誕生の裏側や実名報道の問題など十二分な回答をしていただいたと思う。新聞・通信社に知見の蓄積があると言われるように努める必要があろう。

最後にコーディネーター役を務め議論を的確に導いてくれた松本真由美氏に感謝したい。またシンポジウムの準備・設営と本書の編集協力業務を委嘱した(株)共同通信社の方々にも謝意を表したい。

シンポジウム
プライバシー保護とメディアの在り方

発行日	2017年2月25日　初版第1刷発行
発行人	長谷川和明
編集人	倉沢章夫
発行所	公益財団法人 新聞通信調査会

〒100-0011
東京都千代田区内幸町2-2-1
日本プレスセンタービル1階
TEL　03-3593-1081（代表）　FAX　03-3593-1282
URL　http://www.chosakai.gr.jp/

装丁	野津明子（böna）
写真	河野隆行（裏表紙、口絵、本文）、共同通信社（表紙、本文）
編集協力	株式会社共同通信社
印刷・製本	株式会社太平印刷社

・乱丁、落丁本は小社までお送りください。送料小社負担でお取り換えいたします。
・本書の無断転載・複写は、著作権法上禁じられています。本書のスキャン、デジタル化など
　の無断転載もこれに準じます。

ISBN978-4-907087-31-9
© 公益財団法人 新聞通信調査会　2017 Printed in Japan